Ullstein

ÜBER DAS BUCH:

Dieser Klassiker unter den Lebenshilferatgebern wendet sich ebensosehr an die Frau wie an den Mann. Für viele Menschen hat der vierzigste Geburtstag die Bedeutung einer magischen, gefürchteten Grenze. Gegen den falschen, durch die Werbung propagierten Jugendlichkeitskult entwirft der Autor realistische Perspektiven für die zweite Hälfte des Lebens.
»Am Eingang in die reifen Jahre steht die Erkenntnis, daß man in neuen Formen zu denken, zu fühlen und zu leben hat. Ohne diese Erkenntnis können die reifen Jahre nicht beginnen. Ohne diese Erkenntnis beginnt nur das Älterwerden. Ohne diese Erkenntnis kann man nicht im Lebensstrom haltmachen und das Gewünschte ansteuern. Man bleibt passiv. Man wird gelebt, man altert in den Formen, die wir tagtäglich vor uns sehen.«
Walther von Hollander

DER AUTOR:

Walther von Hollander, Dr. phil., wurde 1892 in Blankenburg geboren. Er arbeitete als Romancier, Schriftsteller und Publizist. Er starb 1973.

Walther von Hollander

Der Mensch über Vierzig

Aufbruch in das reife Leben

Ullstein

Sachbuch
Ullstein Buch Nr. 34962
im Verlag Ullstein GmbH,
Frankfurt/M – Berlin

Ungekürzte Ausgabe
Neuauflage von UB 170

Umschlagentwurf:
Hansbernd Lindemann

Printed in Germany 1992
Satz: LVD GmbH, Berlin
Druck und Verarbeitung:
Ebner Ulm
ISBN 3 548 34962 5

Januar 1993
Gedruckt auf Papier mit chlorfrei
gebleichtem Zellstoff

Die Deutsche Bibliothek – CIP-Einheitsaufnahme

Hollander, Walther von:
Der Mensch über vierzig: Aufbruch in das reife Leben/
Walther von Hollander. – Ungekürzte Ausg., Neuaufl. von UB
170. – Frankfurt/M; Berlin: Ullstein, 1993
(Ullstein-Buch; Nr. 34962: Sachbuch)
ISBN 3-548-34962-5
NE: GT

Inhalt

Der Sinn der Lebensverlängerung 7
Zwei Tatsachen der Bevölkerungsstatistik · Wachstum und Tod · Die Nahrungsgrenze Europas · Natürliche Lebenslänge – natürlicher Tod · Die Menschheit hinkt gern hinter ihren Erfolgen her · Zwanzig Jahre Lebensverlängerung · Die Angst vor der Vergreisung des Volkes · Wirtschaft und Traum · Oder ist das alles Zufall? · Alt werden an sich ist nichts Gutes.

Die Krise der Lebensmitte 19
Die Natur macht Sprünge · Krisen · Krise, Krankheit, Katastrophe · Mensch ohne Krise · Die Lebenskrisen in der Weltkrise · Die Krise in der Lebensmitte innerhalb der Weltkrise · Die Hölle des toten Winkels · Sich hinausarbeiten · Vorurteile gegen die Lebensmitte · Über den Höhepunkt des Lebens · Praktische Folgerungen.

Vom Biologischen her betrachtet 41
Mensch und Tier · Altern biologisch betrachtet · Kleiner Ausflug in die Atemkunde · Wie ist es nun mit dem Altern? · Die Sexualkrise der Lebensmitte · Die Ängste der Frauen · Ein erfülltes Leben vertreibt die Angst · Wenigstens die Wechseljahre hinausschieben · Das Formvermögen der Frau · Weshalb kamen die Frauen immer in die Wechseljahre? · Die rein fraulichen Gründe der Wechseljahre · Vom Manne her gesehen · Praktische Folgerungen.

DIE KRISE DER LEBENSMITTE IM LEBEN BEDEUTENDER MENSCHEN 74
Das doppelte Ziel des Lebens · Das Schwabenalter · Bedeutende Menschen in der Krise der Lebenswende · Die Wende durch die Lebenskrise im Leben bedeutender Menschen · Welches Lebensalter ist am produktivsten? · Über die notwendige Nachahmung genialer Leben.

DIE VORBEREITUNG DER LEBENSWENDE 97
Benutze, was du hast · Nach der Erkenntnis · Die Lebenswende vorbereiten · Mit den Augen des Kommenden · Praktische Folgerungen.

DIE LEBENSFÜHRUNG DER REIFEN JAHRE 106
Überwindung der Jugend · Aufräumen, aufräumen! · Was muß fort? · Der Kampf gegen die Gewohnheiten · Die Distanz zu sich selbst · Die Objektivität · Training und Übung · Umriß einer Übungspraxis.

DIE WELT DER REIFE 142
Biologische und metaphysische Kräfte · Die Askese · Auf dem Weg zur Originalität · Allseitigkeit und Spezialistentum · Notwendige Einschränkung: Gründe und Grenzen des Spezialistentums.

DIE INNEREN STERNE 163
Die fortwährende Änderung · Nochmals: Nach der Krise · Im Anfang waren Logos und Psyche · Zwischen Jugend und Alter · Anregungen · Platz dem neuen Leben · Neue Stellung zum Vergangenen · Selbstverantwortung · Über die Einsamkeit · Die Stimmen der Tiefe · Die spirituelle Sphäre · Der produktive Mensch · Erinnerung · Objektivität und Orthodoxie · Ziel des Lebens · Zum Schluß eine Bitte an den Leser.

Der Sinn der Lebensverlängerung

Man muß den Menschen auf die in ihm liegenden Verwirklichungen stoßen.
KUHLENKAMPF

Zwei Tatsachen der Bevölkerungsstatistik

Ein Jahrtausend lang blieb die Bevölkerung Europas ungefähr auf dem gleichen Stand von etwa einhundertachtzig Millionen. Im 19. Jahrhundert hat sie sich fast verdreifacht. Sie betrug um 1900 vierhundertsechzig Millionen.

Die mittlere Lebenserwartung des einzelnen Menschen hat sich seit dem Altertum etwa verdoppelt. Der Ägypter und der Grieche im Zeitalter Platos lebten durchschnittlich dreißig Jahre. Der heutige Mensch kann mit ungefähr siebenundsechzig Jahren rechnen. Das erstaunlichste aber an dieser Entwicklung ist, daß sie etwa viertausend Jahre brauchte, um den Lebensdurchschnitt von dreißig auf siebenunddreißig Jahre zu erhöhen und daß sie für die Erhöhung von siebenunddreißig auf siebenundfünfzig Jahre nur eine Zeitspanne von fünfzig Jahren nötig hatte. In den Jahren von 1900 bis 1950 nahm die mittlere Lebenserwartung in jedem Jahr fast um ein halbes Jahr zu. Das ist eine beinahe unheimliche Zahl. Denn wenn es so weitergeht, dann muß sich das gesamte Leben auf der Erde grundsätzlich ändern.

Wachstum und Tod

Wenn der Baum so weiterwüchse, wie es in seinem »Willen« liegt, wie es sich in seinem Gestrecktsein nach oben auszudrücken scheint, so sähen wir schon längst den Himmel vor lauter Bäumen nicht mehr. Es ist aber dem Samen des Baumes mit der Wachstumsmöglichkeit gleichzeitig die Grenze des Wachstums eingeboren. Es ist wahrscheinlich den Völkern und den Rassen gleichzeitig mit der Wachstumsmöglichkeit eine Wachstumsgrenze eingeboren, über die kein Volk hinauskommen kann. Es ist sicherlich dem Menschen mit dem Vermögen, alt zu werden, gleichzeitig die Lebensgrenze eingeboren, die er nicht überschreiten kann.

Der Lebenswille, so kann man sagen, wird immer begleitet von einem Todeswillen, und schließlich löscht der Todeswille den Lebenswillen aus.

Die Nahrungsgrenze Europas

Der Volkswirt um 1800 hätte es für unmöglich erklärt, daß auf dem europäischen Raum vierhundertsechzig Millionen Menschen ernährt werden können. Er hätte sich hinter dem Bevölkerungspolitiker Malthus verschanzt, der 1803 wissenschaftlich belegte, daß bei »ungehemmter« Bevölkerungszunahme der Nahrungsspielraum Europas, ja der Welt sehr schnell nicht mehr ausreichen würde.

Wir wissen jetzt, daß Malthus geirrt hat. Die Maschinen haben den Nahrungsspielraum so ungeheuer erweitert, daß wir seine Grenzen theoretisch nicht ermessen können. Praktisch wird sich eines Tages doch ergeben, daß die Völker nicht gleichmäßig und gleichzeitig in dauernder geometrischer Progression weiterwachsen können, daß jedes Volk schließlich an das Ende seiner Wachstumsmöglichkeiten kommen muß. Warum das, bisher jedenfalls, immer so gewesen ist, warum zum Beispiel die Chinesen, die theoretisch die errechenbare Möglichkeit dazu hatten, nicht die ganze Welt überschwemmt haben, das wissen wir nicht. Wir wissen auch nicht, wo die Grenze für das einzelne Volk, wo die Wachstumsgrenze für die europäische Gesamtbevölkerung liegt.

Bis jetzt war jede Theorie falsch. Bis jetzt hat kein praktischer Eingriff, positiv oder negativ, das geheimnisvolle Auf und Ab, die mystische Erneuerungsfähigkeit der Völker nach Kriegen, Seuchen, Katastrophen beeinflussen können. An den inneren Kern von Wachstum und Verfall ist man noch nicht herangekommen. Aber soviel kann man doch sagen: Das Maschinenzeitalter mit seiner Vergrößerung des Nahrungsspielraumes hat erwiesen, daß in den Völkern eine viel größere Potenz, eine viel größere Vermehrungsmöglichkeit steckt, als man wußte.

Man muß nur die wirtschaftlichen Räume schaffen, dann strömen die neuen Menschen hinein und erfüllen sie. Man hat sogar die Pflicht, die wirtschaftlichen Räume zu schaffen, damit die Völker die in ihnen liegenden Wachstumsmöglichkeiten ausnutzen können, die sich in den vergangenen Jahrtausenden durch Hunger, Seuchen und Kriege nicht voll auswirken konnten.

Natürliche Lebenslänge – natürlicher Tod

Wie die Erschließung der neuen Wirtschaftsräume den Völkern die Möglichkeit gab, ihre Wachstumsmöglichkeiten auszunutzen, so haben die zivilisatorischen Fortschritte, die Bekämpfung des Hungers, der Seuchen, der Volkskrankheiten, der Kindersterblichkeit es den einzelnen Menschen ermöglicht, immer besser die in ihnen schlummernden Lebensmöglichkeiten und Lebenskräfte auszunutzen. Immer kleiner wird die Zahl der Menschen, die im Säuglingsalter vor der Ansetzung ihrer Kräfte sterben. Immer weniger Menschen gehen an Tuberkulose, an Syphilis oder anderen Krankheiten der jungen Jahre zugrunde. Immer weniger Menschen sterben überhaupt an einer richtigen Krankheit, und immer mehr Menschen können ihr Leben bis zu dem Ende führen, an dem die Kräfte, die Lebensmöglichkeiten aufgebraucht sind, bis zu ihrem natürlichen Tode also.

Ja, es gibt einen natürlichen und einen unnatürlichen Tod, und wir möchten die bisherige Bedeutung des Begriffs »unnatürlicher Tod« ein wenig erweitern. Ich halte es nämlich für höchst unnatürlich, durch den Zufall einer Seuche oder eines Unfalls zugrunde zu gehen. Ich glaube, daß es nur einen natürlichen Tod gibt, nämlich den am Ende eines erfüllten Lebens, den Tod nach Aufbrauch aller Lebenskräfte.

Die von Jahr zu Jahr steigende mittlere Lebenserwartung zeigt an, daß von Jahr zu Jahr mehr Menschen den unnatürlichen Krankheiten entgehen und daß von Jahr zu Jahr mehr Menschen den Rahmen ihres Lebens ganz ausfüllen, daß sie ihre natürliche Lebenslänge erreichen.

Die Menschheit hinkt gern hinter ihren Erfolgen her

Wir sind im Prinzip und bald auch in der Wirklichkeit so weit, daß fast jeder Mensch sein ihm von der Natur samenmäßig mitgegebenes Alter erreichen kann. Das ist ein Riesenerfolg, vorbereitet in viertausend Jahren, bis nah ans Ziel geführt in fünfzig Jahren. Ist die Menschheit nun nicht glücklich über diesen ihren größten Sieg, den sie für die Natur erkämpft hat (nicht gegen die Natur, wie man fälschlich sagt)?

Nein, die Menschheit ist durchaus nicht glücklich. Sie ist vielmehr verdutzt. Sie hat sogar Angst vor den Folgen ihres Erfolges. Man kann diese Angst in gewisser Weise verstehen. Denn bis jetzt hat sich noch keiner der Erfolge des letzten Jahrhunderts in seiner ganzen Größe für die Menschheit auszuwirken vermocht, und viele haben sogar eine beträchtliche Verwirrung angerichtet.

Viele tausend Jahre hat der Mensch von Siebenmeilenstiefeln geträumt, von fliegenden Koffern und Teppichen, auf denen man durch die Luft getragen wird. Nun haben wir die Siebenmeilenstiefel der Autos und Schnellzüge, die fliegenden Teppiche und Koffer der Flugmaschinen. Wir übersteigen mühelos die Berge, die bisher die Länder abgrenzten. Was ist damit erreicht? Etwas sehr Gefährliches, wenn man die Mißbräuche betrachtet, wenig, wenn man den Menschen ansieht. Wir sind in Schnellzügen genauso kurzatmig und melancholisch, in Autos genauso langsam wie bisher, und obwohl wir in Flugzeugen die Grenzen leicht überfliegen, sind wir so begrenzt wie je; obwohl wir die Länder übersehen, überschauen wir Welt und Leben genauso schlecht wie zu der Zeit, in der wir zu Fuß gingen oder von Pferden gezogen wurden.

Äußerlich haben wir die Welt überschaubar gemacht. Der innere Horizont hat sich nicht erweitert, und es ist klar, daß ein Mensch nicht glücklich werden kann, der körperlich fliegt und seelisch zu Fuß geht, der mit Gedankenschnelle Gebirge überwindet und dessen geistige Entwicklung auf einem eingefahrenen Lebenswege steckenbleibt.

Die Menschheit hinkt hinter ihren Schöpfungen her. Ihre Kraft hat bis jetzt noch nie dazu ausgereicht, die Schöpfungen, die sie vollbrachte, auch zu benutzen und zu beherrschen. Sie hat es nicht fertiggebracht, den Menschen so zu entwickeln, daß er auf der Höhe seiner Schöpfungen zu leben vermöchte.

Der Mensch kann exakte Maschinen erfinden. Aber er kann nicht exakt denken und empfinden. Er kann sehr genau arbeitende Apparate ersinnen, aber er kann seinen eigenen Organismus nicht derart schulen, daß er so genau funktioniert, wie er vom Schöpfer erdacht ist.

Der Mensch der Maschinenwelt ist viel schlechter organisiert als seine Maschinen. Er ist in seiner Entwicklung, in seiner Geistigkeit im 18. oder 19. Jahrhundert steckengeblieben, und nur seine Maschinen sind 20. Jahrhundert. Es ist darum kein Wunder, daß er von seinen Geschöpfen, von seinen Erfindungen, von seinen Gestaltungen beherrscht wird, daß seine Diener, die Maschinen und das Geld, ihn beherrschen, statt daß sie ihm dienen.

Der Mensch, der die Maschinen nicht beherrscht, kann nicht die Folgerungen aus der durch die Maschinen geschaffenen

Lage ziehen. Er kann, da er sein persönliches Leben nicht präzise beherrscht, auch nicht die Folgerungen aus den Erfolgen der Lebensführung ziehen. Er kann also eigentlich mit der Tatsache, daß sein Leben verlängert worden ist, nichts anfangen.

Zwanzig Jahre Lebensverlängerung

Dem Menschen sind durchschnittlich zwanzig Jahre zugelegt. Das ist ein Erfolg, von dem man vor hundert Jahren kaum zu träumen wagte. Aber der Mensch lebt, nachdem diese zwanzig Jahre erobert sind, genauso, wie er vorher gelebt hat.

Zwanzig Jahre mehr! Das heißt: das Leben dauert im Durchschnitt um ein Drittel länger, als es dauerte. Fast ein drittes Menschenalter ist uns neu geschenkt. Aber die Menschen leben die gleiche Lebenseinteilung, den gleichen Lebensaufbau wie früher. Sie leben so, als stürben sie jung, als ergriffe sie der Tod zur gleichen Zeit, zu der unsere Großeltern vom Tode ergriffen wurden. Ein Drittel mehr! Das muß neue Aufgaben für das neugewonnene Lebensland bringen. Es muß eine neue Haltung zum Gesamtleben hervorbringen. Ein Drittel mehr! Aber wir leben in dem neugeschenkten Drittel genauso, wie wir bisher gelebt haben. Wir versuchen mit aller Kraft unsere Jugend »zu erhalten« und die noch nicht erfüllten Jugendideale zu verwirklichen. Wir sind stolz, wenn wir in unserer Haltung, in unseren Gedanken, Worten und Werken mit den Jugendlichen verwechselt werden. »... jung geblieben...«, das nehmen alte Frauen und alte Männer immer noch als besondere Schmeichelei. Dabei zeigt es meistens nur an, daß sie jene Gestaltung nicht erreicht haben, die den Jahren nach vierzig zukommt und die freilich mit jenem Dickwerden, Schlaffwerden, Welkwerden nichts zu tun hat, das so oft für diese Jahre bezeichnend ist.

Ein Drittel mehr! Das heißt: das Lebensalter von zwanzig bis vierzig, das bisher »das eigentliche Leben« war und das mit seinen Bedürfnissen und Wünschen der ganzen Welt den Stempel aufdrückte, kann nicht mehr allein entscheidend sein. Die Jugendzeit vom ersten bis zwanzigsten Jahr darf nicht mehr allein als Vorbereitungszeit für die mittleren Jahre dienen.

Man muß in seiner Jugend auch die Jahre nach vierzig körperlich, seelisch und geistig mit vorbereiten. Und vor allem kann die Zeit nach vierzig nicht mehr als der Abklang und Abgesang, als der Niedergang, als der Rest des Lebens gelten, sondern sie muß angesehen werden als ein besonderer Lebensabschnitt, mit anderen Wünschen, mit neuen Zielen, mit eigenen Werten. Die Lebensauffassung des Alters von zwanzig bis vierzig darf nicht mehr zielgebend für alle Menschen sein. Nach der Jugendwunschwelt, die sich zwischen zwanzig und vierzig verwirklicht, muß eine neue Wunschwelt aufstehen, die nach vierzig zu verwirklichen ist. Nach der Realwelt und Gedankenwelt der Menschen zwischen zwanzig und vierzig muß noch eine Welt kommen, eine neue, eine andersgeartete Welt, eine Welt mit tieferen Anblicken und Ausblicken, die so sorgsam gebaut und so heftig verteidigt werden muß, wie bisher nur die Welt der jugendlichen Menschen gebaut und verteidigt worden ist.

Die Angst vor der Vergreisung des Volkes

Im Jahre 1910 waren von hundert Leuten sechzig unter dreißig. 1933 waren es nur noch neunundvierzig. 1950 war jeder zehnte Mensch über sechzig. Der Bevölkerungsstatistiker, der diese Zahlen vorlegt, hat das Recht, seine Sorgen mit vorzulegen. Wenn er mit der Unveränderlichkeit der menschlichen Natur rechnet – und es ist zwar falsch, so zu rechnen, aber es ist pessimistisch, und das Pessimistische klingt nun mal immer besonders gescheit und hat darum mehr Anhänger als das Optimistische –, wenn der Statistiker also mit der Unveränderlichkeit der menschlichen Natur rechnet, so kann er zu dem Ergebnis kommen, daß wir einem sehr schnellen Vergreisungsprozeß ausgesetzt sind. Er hat das Recht, vor dieser Vergreisung zu warnen. Wenn nämlich die Menschen genauso schnell altern, wie sie bisher alterten, dann könnte bei immer zunehmendem Lebensalter sehr bald eine Überzahl von Greisen hilfebedürftig und hilfeheischend auf einer Minderzahl von kräftigen jungen Menschen lasten.

Tatsächlich aber fließen den Menschen mit den Lebensjahren auch Lebenskräfte zu. Oder die Lebenskräfte müssen geradezu in den neu hinzukommenden Lebensaltern enthalten sein. Jedenfalls sehen die Menschen heute nach vierzig nicht mehr so aus, wie ihre Großväter oder Großmütter im gleichen Alter aussahen. Sie haben eine andere Haltung, einen anderen Blick, andere Körper. Man sieht es ihnen an: sie sind imstande, den Weg zum Tod, der doppelt so weit ist wie der Weg ihrer vierzigjährigen Vorfahren, auf sich zu nehmen.

Die Frauen, die noch zu Balzacs Zeit mit dreißig Jahren die Tragödie des Alterns erlebten, erleben jetzt mit dreißig Jahren die erste volle Blüte, und sie haben mit vierzig und mit fünfzig, ja mit sechzig und mit siebzig Jahren auf neue Blütezeiten zu rechnen, falls sie es nur ein bißchen richtig anfangen. Die Menschen werden nicht nur älter. Sie altern auch weniger schnell.

Wenn also die Majorität, das Zahlenübergewicht von den Menschen zwischen eins und dreißig, zu den Menschen zwischen dreißig und hundert übergeht, so bedeutet das nicht ohne weiteres eine Vergreisung. Es bedeutet meiner Ansicht nach viel eher die Verlagerung des Gewichtes von den Unreifen zu den Reifen.

Wirtschaft und Traum

Eine wichtige Frage ist natürlich, wie man mit den wirtschaftlichen Folgerungen aus dem zunehmenden Alter fertig werden wird. Wie man es auf die Dauer verhindern soll, daß der Nachwuchs nur verschlossene Türen, besetzte Stühle und beschlagnahmte Reichtümer vorfindet. Mit Renten und Pensionen für die Alten, mit wieder und wieder verlängerten Ausbildungszeiten für die Jungen ist diese Frage auf keinen Fall zu lösen.

Die schweren wirtschaftlichen Probleme gehen ein wenig über den Rahmen dieser Überlegung hinaus. Sie sind meiner Ansicht nach nur durch eine neue Wirtschaftsanschauung zu lösen, durch eine Entthronung des Geldes und durch eine Verschiebung des Gewichts wirtschaftlicher Fragen vom Zentrum des Lebens an die Peripherie.

Aber abgesehen davon: Die Welt, in der die Jugend das Übergewicht hatte, die Welt vom Anbeginn bis auf unsere Tage war nicht so gut geordnet, so gut im Gleichgewicht, daß man dem Zeitalter des Jugendübergewichts nachweinen müßte.

Im Gegenteil: Allem bisherigen Leben, allem bisherigen Weltgeschehen hat etwas Entscheidendes gemangelt. Etwas, was noch nie erfüllt wurde, was aber die Träume, die Phantasien der Menschen erfüllt: eine Welt der Harmonie, der Weisheit, der Einsicht, der Liebe, der Vollkommenheit.

Der Traum von dieser Welt ist so alt wie die Menschheit, und die Sehnsucht, älter und immer älter zu werden, ist auch so alt wie die Menschheit. Da nun wirklich der Mensch von Jahr zu Jahr an Alter zunimmt, da es sich noch nicht absehen läßt, wie viele Jahre schließlich dem Durchschnittsmenschen noch zugebilligt werden, sollte nicht der Traum vom Reich der Vollkommenheit der Verwirklichung näherrücken, wenn es gelingen sollte, im verlängerten Leben die Fähigkeit zur Weisheit, zur Überschau, zur Objektivität, zur Harmonie und zur selbstbewußten, ruhigen Kraft zu verwirklichen?

Oder ist das alles Zufall?

Man kann natürlich glauben, daß die Lebensverlängerung nichts anderes ist als eine merkwürdige Tatsache ohne Sinn und Ziel. Man kann es für einen unerforschlichen, für einen lustigen oder traurigen Zufall halten, daß sich die Menschheit in den letzten hundert Jahren so sehr vermehrte, daß dic Majorität der Menschheit von den Jungen auf die Älteren überging.

Wie man sich zu Tatsachen stellt, ist immer Glaubenssache. Ich glaube, daß diese rapide Entwicklung einen Sinn haben, ein Gesetz offenbaren muß.

Alt werden ist an sich nichts Gutes

An und für sich ist alt werden nicht besser als jung sterben. Es ist nichts damit erreicht, daß der Mensch älter wird, als er wurde, wenn er genauso unerfüllt und unfertig stirbt, wie er bisher starb. Es ist nicht wichtig, daß der Mensch älter wird, wenn damit nichts anderes erreicht wird, als daß mehr Greise auf dieser Welt herumwanken. Es ist nicht wichtig, daß die Menschen ihrem Leben einen neuen Abschnitt von zwanzig Jahren hinzugesetzt haben, wenn sie diesen Lebensabschnitt nicht besser zu gestalten und zu formen vermögen als ihr bisheriges Leben.

Der Sinn der Lebensverlängerung kann nicht die Sterbensverlängerung sein, kann nicht das längere Leben an sich sein. Im längeren Leben muß sich ein neuer Sinn offenbaren, muß ein bisher niemals erreichtes Ziel erreicht werden.

Der Sinn der Lebensverlängerung kann nur der sein, daß dem Menschen Gelegenheit gegeben wird, alle seine Kräfte ganz zu entfalten, die Bruchstücke, von denen jedes Leben bis zum Ersticken erfüllt ist, zusammenzusetzen und jene Reife zu erlangen, die bisher nur wenigen besonders hervorragenden Menschen vorbehalten schien.

Der Sinn der Lebensverlängerung für das Weltganze aber müßte sein, daß die Lebensform des reifen Menschen, daß die Weltansicht der reifen Jahre als eine entscheidende und weltbewegende Ansicht, als eine vorwärtstreibende, vorbildhafte Form sich durchsetzt oder doch wenigstens sich einen Anteil an der Weltlenkung und Weltregierung sichert.

Wir wollen nicht in den Fehler jugendlicher Menschen verfallen und den Lebenszustand der reifen Jahre so als den eigentlichen, entscheidenden Lebenszustand bezeichnen, wie die jugendlichen Menschen das jugendliche Leben als das eigentliche und entscheidende Leben ansehen.

Selbstverständlich muß das Leben der Jugend mit seinen ganz besonderen Kräften einen großen Anteil an der Weltformung und Weltregierung haben. Das jugendliche Leben muß seine großen Aufgaben gestellt bekommen und erfüllen. Aber die Jugend darf nicht mehr allein in der Welt herrschen, die Jugend oder die von Greisen vertretene Jugendform, wenn nicht das jahrtausendelange Weltmalheur, das Unglück der Armut, der Zwietracht, der überflüssigen Sorgen und Kämpfe andauern soll, unter dem wir noch heute leiden und das weder in den Prinzipien des menschlichen Geschlechts noch in den Urprinzipien der Schöpfung begründet ist.

Wenn bis jetzt die Lebensform der reifen Jahre sich nicht durchsetzen konnte, so liegt das einmal natürlich daran, daß verhältnismäßig wenig Menschen in diese Jahre kamen. Auf der anderen Seite haben die reifen Menschen selbst schuld daran. Sie haben es nicht verstanden, ihre Lebensform zu erfassen und durchzubilden. Alle Vorzüge des reiferen Alters wurden deshalb vertan. Weisheit wurde zur Resignation, Einsicht zum Pessimismus, Maß zum Geiz, Haltung zur Langeweile und Starrheit, Innerlichkeit zum Stumpfsinn, Ergebung zur Lässigkeit. Kurzum: es war wenig oder gar nichts in der Lebensführung der Reifen, was die jungen Menschen angezogen hätte, was sie hätte veranlassen sollen, die Lebensüberlegenheit der Reifen zu spüren und anzuerkennen. Noch viel weniger fühlten sie die Nötigung, ihre eigene Lebenshaltung allmählich und in Übergängen der Lebenshaltung der Reifen anzugleichen.

Die Lebensführung der Jugend ist bis zum heutigen Tage so viel lebendiger, frischer, angenehmer als die Lebensführung der Reifen, daß jeder Mann und jede Frau sich bemüht, jung zu sein, und sich fürchtet, reif zu werden. Bisher verliert der Mensch im Älterwerden, ohne irgend etwas zu gewinnen.

Ich bin der Überzeugung, daß dies nicht im Sinn des Lebens liegt, nicht im Lebenslauf eines natürlichen Lebens mitgegeben ist. Ich glaube, daß das Leben des Menschen von der Geburt bis zum Tode immer reicher werden sollte, um schließlich im Tod als in einer Vollendung zu münden. Von selbst freilich, ohne Bemühung und Einsicht, ohne Arbeit am Leben und im Leben, wird kein Leben zu dem natürlichen Reifungsprozeß kommen.

Der Sinn dieses Buches ist es nun, zu zeigen, welche Vorurteile und Einbildungen beseitigt, welche Anstrengungen gemacht werden müssen, um das reife Leben zu erlangen, auszugestalten und seines Segens teilhaftig zu werden. Vom Segen der Reife und dem Unsegen, der in dem nicht vollendeten Leben liegt, handelt dieses Buch.

Die Jahre sind allerliebste Leut':
Sie brachten gestern, sie bringen heut,
und so verbringen wir Jüngeren eben
das allerliebste Schlaraffenleben.
Und dann fällt's den Jahren auf einmal ein,
nicht mehr, wie sonst, bequem zu sein;
wollen nicht mehr schenken, wollen nicht mehr borgen,
sie nehmen heute, sie nehmen morgen.

GOETHE: Die Jahre

Die Natur macht Sprünge

Unter den vielen falschen Weltweisheiten, die sich zum Unglück der Menschheit in Sprichwörtern kristallisiert oder eingekalkt haben, ist eine der falschesten, daß die Natur keine Sprünge macht. Man kann eher das Gegenteil behaupten: die Natur geht nur in Sprüngen vorwärts.

Vom Menschen steht fest, daß er sich immer nur sprunghaft entwickelt. Wenigstens in seinem Bewußtsein! Mag er auch wirklich Tag um Tag wachsen oder verfallen, sich entwickeln oder zurückgehen, die neue Lage des Lebens ist immer ganz plötzlich, überfallartig da.

Plötzlich begreift der Mensch, wo er steht oder daß er nicht mehr dort steht, wo er zu stehen glaubte. Plötzlich fällt er in eine Krankheit und bekommt damit Gelegenheit zur Besinnung.

Plötzlich wird ihm sein Leben unerträglich, und er wirft es von sich, und plötzlich, in einem großen Sprung, gelingt es ihm, in sein Schicksal hineinzuspringen, und er begreift den Sinn, das Ziel seines Lebens.

Die meisten Menschen merken die Sprünge nicht, die sie machen. Sie merken erst, wenn die Sprungfähigkeit nachläßt, die Sprunglust aufhört, daß die Sprünge zu ihrem Leben gehören. Sie merken erst auf, wenn ein plötzlicher Stillstand eintritt.

Das etwa ist das Grundgefühl: Man geht, aber man kommt nicht weiter. Man marschiert, aber die ganze Umgebung bleibt unverändert. Nein, schlimmer, sie versinkt. Sie löst sich auf in nichts. Man steht im Leeren. Das, was dem Menschen gestern wichtig war, wird unwichtig. Die Speisen, die ihm gestern wohlbekamen, machen ihn heute krank. Die Menschen, die er gestern liebte, sind ihm heute gleichgültig, oder er haßt sie sogar, wenn er sich nämlich von ihnen nicht zu trennen vermag, obwohl sie ihm im Augenblick nichts zu sagen haben und nichts zu fühlen geben. Der Beruf, der gestern Freude machte, schmeckt heute bitter. Das Vergnügen, das gestern Herzklopfen und Lebenssüßigkeit schenkte, läßt heute nur Überdruß zurück. Nichts, was bisher galt, gilt noch. Alle Werte sind gesunken, und man kann für die bisherige Lebensvaluta kein Leben mehr einhandeln.

Das ist das Bild einer Krise, deren jeder Mensch einige durchzumachen hat, schärfere und kleinere, stumpfere und größere Krisen, Krisen in der Zeit der Pubertät, in der Zeit des Mannesalters, in der Zeit, bevor das Alter kommt, drei oder fünf Krisen verteilt über das ganze Leben.

Krisen, Krankheit, Katastrophe

Niemand entgeht den Lebenskrisen. Niemand wird von ihnen ungewandelt gelassen. Aber viele Menschen halten mit großer Geschicklichkeit sich das Bewußtsein vom Leibe, daß sie in einer Krise stecken. Sie wissen schließlich wirklich nicht, daß die Krise sie am Schopf gepackt hat. Sie haben immer neue

Ausreden für die Tatsache, daß es zwischen ihnen und ihrem Leben nicht stimmt. Sie fühlen sich »einfach in ihrer Haut nicht wohl«. Sie quälen sich und ihre Umgebung mit einem seltsam veränderten Gehaben und tun dabei so, als seien sie völlig unverändert. Sie versuchen, den Schein so lange aufrechtzuerhalten, bis sich die Veränderung nicht mehr leugnen läßt, bis es sich ganz klar zeigt, daß die Kräfte sich verändert haben, daß die Lebensleistung sich geändert hat, daß der Lebensstil nicht mehr aufrechtzuerhalten ist. Oder bis endlich die Krise sich in einer Krankheit klar ausdrückt.

Von der Krankheit pflegt dann der Mensch leichter die Lehren entgegenzunehmen, die die Krise ihm erteilen wollte: daß er sein Leben ändern muß.

Vom unbewußten Unbehagen bis zum bewußten Aufsichnehmen der Krankheit geht der schwere Weg der versteckten und verschleppten Krise in seltsamen und gefährlichen Kurven.

Hat man eine solche Krise endlich überstanden, so wundert man sich, daß man nicht abstürzte. Und oft genug sieht man ja auch Menschen in ihren Krisen ganz plötzlich zugrunde gehen, von deren Lebenskraft man sich noch viel versprochen hatte. Die Krise ist zur Katastrophe geworden.

Ich glaube, daß viele der Untergänge und Katastrophen vermeidbar sind, wenn man die Krise nicht fürchtet, wenn man sie als zum Leben gehörig annimmt und durchkämpft. Wenn man die Krise begreift als einen Wendepunkt, als den großen Zwischenakt, der sich bei geschlossenem Lebensvorhang vollzieht und währenddessen von unsichtbaren Händen und Maschinen die Kulissen umgeräumt werden.

Es ist sehr schwer, die Krise anzunehmen. Denn wenn man in sie eintritt, kennt man weder die Gründe noch die Ziele der Krise genau. Aber es hilft nichts, man muß sich darein geben, daß für einen kurzen Übergang noch nicht bekannte Mächte über uns herrschen, Mächte, die wir in Zeiten des vollen Kraftbewußtseins nicht regieren lassen.

Es sind die Mächte, die eine Gegenführung, eine weise Gegenlenkung gegen unsere oft unweisen Handlungen ausüben. Es sind seelische Mächte, die den Urprinzipien nahe, Naturmächte, die den Schöpfungsprinzipien verwandt sind. Man kann sich, man soll sich, man muß sich in Krisenzeiten diesen unbekannten Mächten anvertrauen. Ja, man darf sagen, daß die Gefahr der Krise so lange dauert, bis der Mensch sich ergibt, bis er die Mächte sich auswirken läßt.

Dann mit einem Male ist die Krise beendet, und wie von Geisterhänden wird man aus einer Existenz in eine andere versetzt, aus einem Leben, das sich zu Ende neigte, in ein neues, das beginnt.

Mensch ohne Krise

Wer die Krise anerkennt, wer sich dem dunklen Nachen auf dem dunklen Fluß, dem dunklen Durchfluß durch das unübersteigbare Gebirge gläubig überläßt, der überwindet die Krise am schnellsten. Ohne Krisen wächst kein Mensch. Ohne Krisen kam bisher kein Mensch von einer Lebenszeit in die andere, von einer Lebensstufe zur nächsten. Ohne Krise bleibt der Mensch unverändert, ein Dorian Gray, ein Gespenst seiner Vergangenheit.

Wir kennen sie alle, die Menschen, die sich nie in eine Krise hineingewagt haben. Die infantilen Frauen, die zuerst von ihren Eltern und dann von ihren Männern auf Händen getragen wurden und das Gehen verlernten. Wir kennen sie, die erfolgreichen Jünglinge, die irgendeine Begabung früh in eine Leistung verwandelt hatten, Wunderkinder, junge Schauspieler, junge Wissenschaftler, die auf ihren ersten Erfolgen sitzenbleiben wie die Fliegen auf dem Honig, die sich nicht weiterentwickeln und als ewige Echos ihrer früheren Existenz sich immer wiederholen, sich selbst überleben.

Wir kennen sie, die Männer, die mit achtzig Jahren den elastischen Jugendschritt beibehalten, nicht, weil er ihrem inneren Zustand entspricht, sondern weil er sich jugendlich ausnimmt, und wir kennen die Greisinnen, die tänzelnd den immer unsichtbar um sie herumgebauten Salon ihrer Jugend betreten. Es sind Menschen ohne Entwicklung, ohne Veränderung, ohne Schicksal.

Krisenloses Leben ist schicksalloses Leben. Wer sein Schicksal will, der muß seine Krisen wollen, der muß die notwendigen Veränderungen in seinem Leben bejahen und durchleiden.

Wir werden noch sehen, daß die Krisen allerdings wesentlich leichter zu ertragen sein müssen, wesentlich natürlicher verlaufen, wenn der Mensch »krisenmäßig« lebt, nämlich elastisch, aufmerksam, still und... anders als bisher.

Die Lebenskrisen in der Weltkrise

Jeder Mensch heute wird in irgendeiner Form von der Weltwende, von der Weltkrise gestreift und geformt. Der Übergang von einem Weltalter in ein anderes muß selbst von den Stumpfesten mitgefühlt werden.

Der Mensch von heute hat es an sich schwer genug, wenn er sich nur in der Weltkrise behaupten will. Er muß fortwährend seine Stellung zum Leben und im Leben ändern. Er muß sich fortwährend an einschneidende Veränderungen gewöhnen. An Erfindungen, Entdeckungen, an wachsenden Reichtum und wachsende materielle Unsicherheit, an geistige Revolutionen und politische Umbildungen. Er muß dafür sorgen, daß er dem Temperaturwechsel zwischen eiskalt und kochheiß, der unsere Zeit auszeichnet, gewachsen ist. Er muß zusehen, von dem rotierenden Karussell des Lebens nicht hinuntergeworfen zu werden. Aufgabe genug für einen Menschen im Vollbesitz seiner Kräfte.

Wenn nun aber innerhalb der Weltkrise, die unterirdisch schon fünfzig Jahre währt, über zwanzig Jahre offenkundig ist und wenigstens dreißig weitere Jahre dauern wird, weil sich die Welt nicht den Schöpfungsmächten ergeben, die neuen Aufgaben nicht anerkennen will..., wenn innerhalb der Weltkrise nun noch die Lebenskrisen über die Menschen hereinbrechen, dann sind sie etwa in der Lage der Kinder, die auf einem rotierenden Karussell in einem kleinen nochmals rotierenden Trichter sitzen (was wir alle als Kinder bis zur Übelkeit geübt haben).

Die Steigerung der Lebenskrise durch die Weltkrise und der Weltkrise durch die Lebenskrisen treibt so viele Menschen in die Wüste der Verzweiflung hinein, greift sie über Gebühr und über ihre Kraft hinaus an. Man wird doppelt beansprucht: von außen und von innen. Man hat nirgends Halt: weder an den Institutionen der Außenwelt noch an den Werten der Innenwelt. Alles gleitet, alles rutscht, alles dreht sich, brodelt, bildet sich um, gestaltet sich neu, und inmitten dieses wahrhaften Hexenkessels sitzt der Mensch und versucht, das kleine Selbstbewußtsein, die flackernde, die hin und her wehende Lebensflamme zu bewahren, von der aus allein der Mensch lebt, von der aus allein er die Lage erhellen und übersehen kann.

Wie leicht, man kann es sich denken, löscht dieses umwehte kleine Flämmchen aus und damit das Leben des Menschen.

Die Krise der Lebensmitte innerhalb der Weltkrise

Von jeher ist die Krise die schlimmste gewesen, die im Anfang der vierziger Jahre den Menschen zu überfallen pflegt. (Wobei es den einen schon ein paar Jahre früher packt, den anderen ein paar Jahre später.)

In früheren Zeiten, da die Menschen im Durchschnitt früher als jetzt starben, sind ungewöhnlich viele bedeutende Menschen gerade an dieser Grenze gescheitert, gestorben. Sie sind der Lebensmitte erlegen.

Auch jetzt, da die vierziger Jahre für die meisten Menschen

die Lebensmitte bedeuten (oder sie haben doch wenigstens das letzte Drittel des Lebens noch vor sich), sterben noch viele Menschen zu Beginn der vierziger Jahre »plötzlich und unerwartet«. Bei den anderen aber machen sich tiefgehende Veränderungen bemerkbar.

Zunächst einmal rein äußerlich. Um die Vierzig werden die Männer und Frauen dick. Ihre Konturen verwischen sich. Sie werden müde und lässig. Sie pflegen sich nicht mehr, sie kleiden sich schlecht. Ihre Körperform zerfließt.

Es zerfließt aber auch die ganze bisherige Lebensform. Die Beziehungen des Vierzigers zu seiner bisherigen Umwelt werden im Laufe ganz kurzer Zeit lose und loser. Sie verändern sich, ja, sie hören vielfach auf, wenn auch die wenigsten den Mut haben, das zuzugeben, und die meisten in einer gewissen Starrheit sich sogar besonders fest in ihrem bisherigen Leben zu verankern suchen. Sie haben den Sinn der Krise gründlich mißverstanden und müssen sie nun besonders heftig erleiden.

In der Lebensmitte gilt es nun, endgültig von der Lebensart und Anschauungswelt der Jugend Abschied zu nehmen. Dieser Abschied fällt allen Menschen so schwer, weil die jugendliche Lebensform immer noch als das Leben an sich angesehen und gelebt zu werden pflegt. Der Abschied, der in der Lebensmitte einsetzt, ist der Abschied von jenen Freuden, die das Leben der meisten Menschen zum größten Teil erfüllen. Die materiellen Freuden treten in den Hintergrund, sie rücken an die zweite Stelle. Das Essen ist nicht mehr so wichtig, der Eros beherrscht nicht mehr zwei Drittel aller Gedanken. Der Erfolg hat nicht mehr das gleiche Gewicht. Die Freundschaften, Kameradschaften, Klubs und Bünde haben nicht mehr die gleiche Anziehungskraft. Man hat, im ganzen gesehen, nicht mehr die gleiche Freude an der Eroberung der materiellen Welt, am Erwerb der eigenen Möbel, der eigenen Wohnung, des eigenen Häuschens.

Bei den früheren Krisen nun stand dem Verlust des einen, des Gewohnten, der Gewinn des anderen, des Neuen, gegenüber. Beim Übergang von der Jugend ins Mannesalter konnte man bestimmt für jeden Verlust einen Gewinn buchen. Für jede Sache, die man lassen mußte, weil sie nicht mehr ins erwachsene Leben hineinpaßte, bekam man etwas, das man endlich tun durfte. Bei dieser Lebenskrise aber gibt es keinen Ausgleich für die Verluste oder wenigstens keinen Ausgleich, den man gleich zu spüren bekäme oder genau ausrechnen könnte. Deshalb hat es in dieser schlimmsten Krise zuerst den Anschein, als verliere man nur, als müsse man nur aufgeben. Als werde das Leben nur enger und dunkler, nur einsamer und kraftloser, nur farbloser und trauriger.

Die Formen des Lebens nach der Lebensmitte sind noch niemals geprägt worden. Es gibt wohl einzelne Vorbilder, aber es sind fast nur ungewöhnliche Menschen, die eine gültige Lebensform ihrer reifen Jahre geprägt haben. Sie scheint nicht für jedermann zu passen und ist jedenfalls nicht von selbst, nicht ohne eine besondere Anstrengung zu erreichen. Eine für alle gültige Form ist bis jetzt schon deshalb nicht gesucht worden, weil ja nur verhältnismäßig wenige Menschen in die reifen Jahre und in das Alter hineinkamen. Jetzt erst wird die Frage nach dieser Lebensform wichtig und dringend.

Wer aus der Jugend in die Reife hinübergeht, der kann deshalb sehr leicht das Gefühl haben, daß er aus dem vollen, gültigen Leben in eine Art von Nachleben, Erinnerungsleben gestoßen wird.

Tatsächlich kommt er nur aus einem Leben der Überlieferung in ein Leben ohne Vorbild, aus dem Leben voll anerkannter Werte in ein Leben mit Werten, die erst zu entdecken sind. Und er muß diese Entdeckungen selbst machen. Er muß sich aus seiner Kraft, aus seinem Vorstellungsvermögen heraus das neue Leben bauen. Niemand hilft ihm, es ist – leider – seine ganz persönliche Sache, wie er herauskommt.

Leider! Denn tatsächlich ist es kein persönliches Problem mehr, sondern ein höchst wichtiges allgemeines Problem, wie das Leben des reifen Menschen geführt werden soll. Die reifen

Menschen haben, das ist meine feste Überzeugung, außerordentlich viele, ebenso viele Aufgaben in der Welt wie die jugendlichen Menschen. Andere Aufgaben, aber nicht unwichtigere.

Und wie sollen sie diese Aufgaben erfüllen können, wie sollen sie das Leben formen und prägen können, solange ihre Lebensform nicht durchgebildet ist, solange sie, die reifen Menschen, sogar in Kämpfen und Zweifeln sind um die Berechtigung ihres Lebenssinnes, ihrer Lebensansicht, ihrer Lebensnöte und ihrer Lebensarbeit!

Innerhalb der Weltkrise, in der die überlieferten Formen des Lebens neuen Formen Platz machen, ist der Mensch in der Lebenskrise der Lebensmitte besonders gefährdet und angestrengt, weil er mit dieser völligen Verschiebung aller Werte die Verschiebung aller seiner Werte erlebt, innerhalb des vollkommen Ungewissen auf ein vollkommen ungewisses Leben hinsteuern muß.

Er muß sich wirklich selbst an seinem eigenen Zopf aus dem Sumpf ziehen. Niemand kann ihm helfen. Denn die ihm helfen könnten, seine Altersgenossen oder die noch älteren Jahrgänge, die sitzen in dem gleichen Sumpf, und die jungen Leute, die auf dem Trocknen sitzen, die wenigstens die Selbstsicherheit innerhalb der allgemeinen Unsicherheit haben, die können ihm erst recht nicht helfen. Denn vom Trockenen, Vertrocknenden ist ja gerade unser Vierzigjähriger in den Sumpf der Ungewißheit geflüchtet, um zu sehen, ob er noch irgendwo in diesen Wassern einen neuen Grund findet, einen Grund, auf dem er bauen kann, einen Grund, der ihn veranlaßt, weiterzuleben.

Die Hölle des toten Winkels

Der Mensch in der Krise der Lebensmitte zur Zeit der großen Weltkrise wird später einmal beneidet werden. Er befindet sich nämlich im Zentrum des Kräftespiels. Er befindet sich mitten in der Auseinandersetzung des Lebens mit sich selbst. Er leidet nicht nur vervielfacht, er lebt auch vervielfacht. Die Kräfte des Lebens zerren an ihm, aber sie bilden ihn auch. Sie wirbeln ihn, aber sie lassen ihn nicht faul werden. Sie nehmen ihm den Atem, aber sie bringen ihm auch den Atem der Schöpfung. Er wird durchatmet von den Stürmen der Weltwende. Er wird von den Kräften der Weltkrise gekräftigt.

Ja: solange man von der Krise gepackt und geschüttelt wird, ist das Leben immer noch erträglich. Aber es kann auch kommen, daß man von den Kräften der Krise in den toten Winkel hineingeblasen wird, dorthin, wo der Sturm nicht weht, wo die Luft stillsteht und stickig wird, dorthin, wo man geduckt im Abseitigen hockenbleibt und die anderen fortwirbeln sieht, während man selbst in einer unheimlichen Ruhe verharren muß.

Der tote Winkel wird von den Menschen in der Krise im ersten Augenblick wohltätig empfunden. Man kann einmal die Augen schließen, man kann einmal Atem schöpfen, man kann einmal ausruhen. Aber in Wirklichkeit ist der tote Winkel – das merkt man bald – das schlimmste Martyrium der Krise, ja innerhalb des Lebens.

Im toten Winkel kann man nichts Lebendiges finden. Man kann nicht denken. Man kann sich nicht entschließen. Man kann nicht schlafen, denn man spürt, wie die Welt weitergeht, man hört, wie das Leben draußen lärmt.

Man weiß vieles und erkennt oft mehr als je zuvor. Aber es nützt nichts. Denn man vermag keine Folgerungen aus dem Erkannten zu ziehen. Man fühlt nichts, außer daß man die eigene Fühllosigkeit fühlt. Man will nichts, aber man empfindet nie die weise Heiterkeit des Nichtswollens. Denn man möchte etwas wollen.

Man kann in diesem toten Winkel leicht zu Tode kommen. Denn die Gedanken, Gefühle und Wünsche liegen wie tot, und man braucht nur selbst noch ein wenig still liegenzubleiben und den Lebensfunken langsam auslöschen zu lassen, man braucht die Lebensflamme nur noch von irgendeiner Krankheit auffressen zu lassen, deren viele immer im Winkel unseres Zimmers hocken und darauf warten, über uns herzufallen... dann ist man tot.

Meist aber stirbt man nicht, sondern man lebt, man vegetiert weiter. Man kann den Entschluß nicht fassen, wegzugehen. Man bringt den Willen nicht auf, zu sterben.

Wenn man nun Glück hat, wird man zuweilen durch eine plötzliche Änderung des äußeren Lebens oder, um im Bilde zu bleiben, durch einen Sturmstoß aus einer veränderten Richtung hinausgetrieben. Die Änderung des Lebens kann zuweilen die Krise beenden oder wenigstens den toten Winkel überwinden, so daß man wieder ins Wirbeln gerät.

Deshalb ist es ein ganz richtiger Instinkt, wenn viele Menschen im toten Winkel der Krise mit letzter Kraft versuchen, sich neue Lebensumstände zu verschaffen. Deshalb kann manchmal eine Weltreise oder eine Reise aufs Dorf, ein Berufswechsel, ein Wohnungswechsel, eine Trennung, eine Ehescheidung dem Menschen wirklich helfen. Und deshalb rate ich allen Menschen, die in der Lebenswende in die Zone der Gefühllosigkeit, der Depression, des Stillstandes und Überdrusses hineingeraten, mit allen Mitteln und allen Kräften äußere Änderungen herbeizuführen. Deshalb soll man wenigstens versuchen, seine alten Gewohnheiten völlig auf den Kopf zu stellen, deshalb soll man seine Umgebung wechseln und beispielsweise aus der Stille, der Einsamkeit in das Zentrum einer großen Stadt, aus der großen Stadt in die große Stille hineingehen. Man muß sich selbst diese Anreize und Ansporne geben, wenn man nicht das Glück hat, von außen zum Wechsel gezwungen zu werden. Man muß seinem Leben neue Anregungen, auch äußerer Natur, anbieten, und seien es selbst so mechanische Anregungen wie Wechselbäder, Dauerläufe, Fastenkuren, Tänze (aber aktiv und nicht passiv als Zuschauer).

Man muß also versuchen, aus dem alten Leben in ein neues hineinzugehen. Manchem wird die äußere Anregung zu der nötigen inneren Kraft verhelfen. Meist allerdings wird durch alle Wechsel nur die Fassade geändert, und das Innere bleibt, wie es ist. Die Änderung des Windes oder des Lebens kann uns also helfen. Aber man kann nicht mit dieser Hilfe rechnen, und weil die meisten Menschen doch damit rechnen, daß ihnen geholfen wird, so bleiben sie in der Hölle des Lebens, im toten Winkel, liegen.

Es ist schon besser, man hilft sich selbst. Es ist gut, wenn man selber die Kräfte zusammensucht und sich wieder in den Wind hinauswirft, der draußen immer weht.

Sich hinausarbeiten

Man kann aus dem toten Winkel, aus der Lage, in der alle Willensregungen eigentlich fehlen, nur herauskommen, wenn man die eine Erkenntnis sich bewahrt, die man in den Zeiten vor den Krisen sich in Blut und Hirn eingeprägt haben muß: daß nämlich die Krisen natürliche Erscheinungsformen des Lebens sind, daß eine Krise das Weitergehen des Lebens anzeigt, das Weiterwachsen offenbart. Eine Krise zeigt an, daß der Mensch weiterleben will und einen neuen Weg sucht. Man kann nicht das Leben wollen und die Krisen verneinen. Man kann nicht das Wachsen wollen und die Schmerzen des Wachstums vermeiden.

Im toten Winkel muß man also immer wissen, daß auch die schlimmste Krise nicht den Tod anzeigt, sondern die Erweiterung des Lebens, daß in jedem Aufhören des einen Lebenssinnes das Beginnen eines anderen steckt. Man muß auch in der größten Not der Erschlaffung wissen, daß die Kräfte so sicher wiederkommen müssen, wie dem Ausatmen das Einatmen folgen muß, wie der Tag der Nacht folgen muß, da die Erde sich weiterdreht. Weiß man aber das ganz genau, dann kann man selbst in der toten Stille des toten Winkels und indem man das unheimliche Brausen des vorüberrasenden Lebens hört, die innere Ruhe erlangen, die das genaue Gegenbild der Stille des toten Winkels ist. Man kann den leisen Atem der wiederanhebenden Schöpfung spüren.

Wie die Kräfte sich von neuem bilden, wie das Herz wieder seinen Takt schlägt, wie die Augen beginnen, ein neues Licht zu erfassen. Und mit einemmal ist die Kraft wieder da, daß man sich wieder in den Wirbel hineinwerfen kann, ja vielleicht sogar die Kraft, in diesem Wirbel innerhalb dieser Krise so etwas wie eine Lenkung zu versuchen.

Das ist in jedem Augenblick möglich. Die Krise steht immer dicht vor der Entscheidung. In der Krise stehen heißt in der Entscheidung stehen.

Hält man fest, daß mit der Krise die Entscheidung gekommen ist, so wird einem plötzlich fröhlich und mutig zu Sinn. In der größten Weltenwende gleichzeitig in der größten Entscheidung zu stehen… das heißt wahrhaftig ein großes Schicksal haben, das heißt ein Glück haben, um das uns die Menschen später beneiden werden.

Je härter jetzt die Krise, um so größer die Möglichkeiten nach der Krise. Natürlich erscheint es uns jetzt manchmal, als sei unser Leben nur eine Jagd durch Wolken, Nebel und Unwetter.

Aber nach allen Gesetzen des Lebens kann man schon jetzt wissen, daß die Schöpfung des neuen Weltbildes und vom neuen Weltbild her die Schöpfung des neuen Menschenbildes und vom neuen Menschenbild her die Bildung des neuen Menschen und vom neuen Menschen her die Erschaffung der neuen Welt nahe ist.

Vorurteile gegen die Lebensmitte

Man muß versuchen, die Lebensmitte aus der Perspektive der neuen Tatsachen zu sehen. Schon wenn man weiß, daß aller Voraussicht nach die Jahre Anfang der Vierzig die Lebensmitte bedeuten und nicht den Anbruch des letzten Drittels, wenn man weiß, daß man es doch ein wenig in der Hand hat, seinem Leben eine Reihe von Jahren hinzuzusetzen oder eine Reihe von Jahren zu nehmen, wenn man weiß, daß man in gewisser Weise also über die Länge seines Lebens bestimmt, wird die Betrachtungsweise ruhiger und objektiver.

Die Krise der Lebensmitte bestand von jeher zu einem Teil aus Todesangst, kam immer ein wenig von der Kälte, die von den ersten ernsten Todesgedanken herweht. Zum erstenmal sterben rechts und links ein paar Altersgenossen an nichts anderem als daran, daß ihre Kräfte verbraucht sind und daß die Krankheit, die sie regenerieren sollte, keine aufbauenden Kräfte mehr vorfand.

Zum erstenmal spürt man, daß dieses oder jenes nicht mehr vollendet werden kann, wenn man in dem bisherigen Tempo weiterlebt.

Man stellt bei der Inventur fest, daß die »Lebensmittel« für bestimmte Arten des Lebens auszugehen drohen. Zwanzigmal noch, so sagt sich der Mann, kann ich noch den oder jenen Alpengipfel besteigen. Zehn Jahre lang noch, das wird der Frau klar, vermag sie noch ihren Mann anzuziehen, kann sie noch damit rechnen, Kinder zu bekommen, hat sie noch die Kraft, ein volles Frauenleben zu leben. Fünf Jahre noch, so grübelt der Künstler, dann »muß« der Durchbruch, dann muß die Gestaltung endgültig gelungen sein – oder sie wird nicht mehr gelingen.

Mit vierzig Jahren vermag man zu überschauen, was noch erreicht werden kann. Man muß dieses oder jenes als unerreichbar oder als zu teuer, zu opferreich aus den Wünschen herausstreichen. Man muß einiges aufgeben, um anderes zu erreichen.

Das ist eine Lage, die sich im Leben sehr oft wiederholt, in der man eigentlich wieder und wieder ist. Aber in den Jahren zuvor weiß man nicht, daß man von bestimmten Dingen endgültig Abschied nimmt, daß man immer zwischen vielen Dingen des Lebens wählen muß und daß viele Dinge des Lebens in bestimmte Lebensalter nicht hineingehören.

Nur wenn man jung ist, darf man auf mehreren Hochzeiten in einer Nacht tanzen, kann man das eine tun, ohne das andere zu lassen. Nur wenn man jung ist, darf man auch glauben, daß die körperlichen, geistigen, seelischen und moralischen Kräfte des Menschen unendlich seien und gleichzeitig in der verschiedensten Weise eingesetzt werden können.

Merkwürdiges Schauspiel: In der Jungend pflegt man sehr einseitig zu sein und sich einzubilden, daß man sehr vielseitig ist, daß man fähig ist, zugleich sehr vieles, alles auf einmal, anzupacken und zu vollenden.

Während man höchstens mit einem, zwei Dingen beschäftigt ist, von einem, zwei Wünschen erfüllt und getrieben wird, hat man das Gefühl, daß man das Leben in seiner ganzen Ausdehnung erlebt, erleidet, durchkämpft.

Je mehr man sich aber wirklich vom Leben erkämpft, je tiefer man in die verschiedenen Materien eindringt, um so genauer erkennt man, daß man immer nur auf einem Weg gleichzeitig gehen kann und daß vor allem zu jeder Arbeit bestimmte Voraussetzungen, Anstrengungen, aber auch Verzichte gehören. Man erkennt, daß man für jede Sache, die man erreichen will, eine andere Sache aufgeben muß. Gerade die vielseitigen Talente, gerade die Genies leben immer nach genauen Lebensplänen, in denen für jedes Erreichte eine ganze Reihe von Aufgegebenem steht. Kein wirklich großer Mensch hat seine Ziele erreicht, ohne auf viele Möglichkeiten des Lebens zu verzichten, die eben in sein Leben nicht hineingehörten.

Das ist immer so gewesen. Seltsamerweise nun hat man diesen natürlichen Tatbestand moralisiert und in unnötiger Weise verklärt. Es ist schließlich so weit gekommen, daß fast nur noch von den Qualen der Genies, von dem opferreichen Büßerleben der vorbildlichen Menschen, von den Verzichten der Menschheitsführer auf jede Lebensschönheit gesprochen wird. Manchmal hat man den Eindruck, als wollte man den Menschen den Weg zur wirklichen Leistung durch eine möglichst grausame Schilderung der Opfer verekeln, die in jeder Leistung stecken.

Das will ich ganz gewiß nicht. Aber ich möchte klarmachen, daß jedes Werk seinen Preis hat, jede Erkenntnis, jede Leistung bezahlt werden muß und daß man für die wichtigen Dinge des Lebens selbstverständlich hoch bezahlen muß: mit Anstrengungen, mit mühsamem Probieren, mit unvermeidlichen Rückschlägen, ja auch mit Einsamkeit und mit Verzicht auf Dinge, die wirklich schön sind und verlockend.

Es ist nötig, gegen die Legende anzugehen, daß die hervorragenden Menschen ihre Leistungen allein deshalb vollbringen, weil sie talentiert sind oder weil sie Glück haben. Wir müssen erkennen, daß jede Leistung auf einer besonderen Anstrengung beruht, daß niemand etwas geschenkt bekommt, ja, daß man nichts bekommt, wenn man alles haben will.

Genie ist oft geradezu die Fähigkeit, das Wesentliche zu wählen und das Unwesentliche wegzulassen. Leistungen beruhen vielfach darauf, daß man seine Kräfte nicht mehr für alles und jedes hergibt, was des Weges kommt.

Wenn man also in der Lebensmitte beginnt, auf Unwesentliches zu verzichten, so ist damit nichts Schlimmes über die Lebensmitte ausgesagt, sondern vielmehr etwas sehr Gutes, daß man nämlich beginnt, das Wesentliche vom Unwesentlichen zu scheiden und auf das zu verzichten, was nicht in unser Leben gehört.

Es ist wirklich nur ein kurzer Schmerz, wenn man erkennt, daß man nicht mehr alle Wege der Welt wird gehen können (wenigstens nicht mit diesen Füßen), daß gewisse Vergnügungen nie wieder von uns unternommen werden können, daß wir bestimmte Speisen nie wieder essen werden. Ein kurzer Schmerz, und dann weiß man bald, daß die außerordentliche Vorstellungskraft, die königliche Gabe der Phantasie, die göttliche Fähigkeit der Imagination oder Verbildlichung, die dichterische Fähigkeit der Identifikation oder Einswerdung gleichzeitig mit dem Verzicht aufblühen.

Und daß diese neuen Gaben, die den älteren Menschen für die verwelkenden jugendlichen Fähigkeiten geschenkt werden, sie in die Lage versetzen, das ganze Leben wirklich zu ergreifen, zu erfassen und zu erfahren, ohne überall dabeisein zu müssen.

Man muß in der Lebensmitte nicht mehr verzichten als zu anderen Zeiten. Es scheint nur so, weil man endlich so weit kommt, daß man sich selbst nüchtern und klar die Wahrheit über sich selbst sagt, die Wahrheit über die Verluste und die Gewinne. Man kommt aus dem Zeitalter der Illusionen heraus, die bisher das Leben zwar nicht genährt haben, aber doch schmackhaft machten. Die Vertröstung auf später hat bisher jeden Verzicht leicht gemacht. Nun mit einem Male weiß man, was endgültig vorbei ist. Die Zaubergesänge des Unerreichbaren verstummen. Die unerfüllbaren Wünsche schlafen ein. Man fühlt sich ernüchtert und verarmt. Aber ist man wirklich ärmer?

Eine Bilanz macht weder reich noch arm. Aber manchmal erschrickt man, wenn man die Bilanz zieht. Man wußte nicht, wie arm man ist.

So verarmt man auch nicht an der Bilanz, die man in der Lebensmitte aufstellen muß. Aber man sieht die Wahrheit, und zunächst erschrickt man. Man hatte nicht gewußt, wie wenig noch erreicht war, und weil man so wenig erreichte, so glaubt man auch zu wissen, daß man nicht mehr viel erreichen kann.

Über den Höhepunkt des Lebens

Ich habe es bisher mit großer Vorsicht vermieden, den Begriff »Höhepunkt des Lebens« zu gebrauchen. Denn dieser Begriff hat in verhängnisvoller Weise ein falsches Bild des Lebensablaufes hervorgebracht. Er ist wie wenige geeignet, die Menschen zu schwächen. Er nimmt ihnen die Zuversicht und jagt ihnen Schrecken ein.

»Höhepunkt des Lebens«... das ist für alle Lebensalter gleich entmutigend. Für die jungen Leute, weil ihnen damit gesagt wird, daß sie noch nicht im Vollbesitz ihrer Kräfte sind. Das ist schlimm. Denn sie werden dadurch verführt, ihre größten Anstrengungen noch ein wenig zu verschieben.

Für die älteren Menschen, die der allgemeinen Rechnung nach den Lebenshöhepunkt überschritten haben, ist es selbstverständlich kraftraubend, wenn ihnen klargemacht wird, daß sie nun Jahr für Jahr immer mehr herunterkommen müssen, daß sie unaufhaltsam der Tiefe entgegenrutschen, um schließlich in einem dunklen Loch zu landen. Aber sogar für die Höhepunktler selbst, für die Menschen im Zenit des Lebens, ist nichts an Kraft und Mut aus dem Höhepunktsgefühl zu schöpfen. Sie, die im Vollbesitz der Kräfte, in den »besten Mannesjahren« auf der Höhe der Laufbahn sind, werden ängstlich und vergleichen zitternd jede neue Leistung mit der vorigen.

Wer zuweilen mit durchschnittlichen Erfolgsmenschen umzugehen hat – leider sind viele Erfolgsmenschen Durchschnittler –, der kennt in der Tragödie des mühsam gehaltenen Erfolges die ganze Tragödie des Lebenshöhepunktes.

Der Lebenshöhepunkt bedeutet also entweder Aufschub oder Angst oder Nachtrauern. Das ist keine gute Bilanz für einen Höhepunkt.

Und um noch gleich einen zweiten bildhaften Begriff zu beseitigen, der mit dem Bild des Höhepunktes unmittelbar zusammenhängt: Auch der Begriff der Lebenskurve ist gefährlich und wird leicht negativ und entmutigend gebraucht.

Das Leben des Menschen soll danach einer ballistischen Kurve, einer Pfeilspur gleichen. Die Folgerungen aus diesem Bild sind klar. Steigt ein Leben steil an, so muß es auch steil abfallen. Steigt es langsam und flach an, so geht es auch langsam wieder zu Boden. Das ergibt schließlich eine wahre Eulenspiegel-Angst vor dem großen Anstieg, vor dem Erfolg, vor dem Glück. Denn nach dem Gesetz der Kurve müssen ja Absturz, Mißerfolg und Unglück folgen.

Beide Bilder sind falsch. Das Leben gleicht weder einer Bergpartie noch einem Pfeilschuß. Es besteht zwar aus Auf und Ab, aus Anstieg und Abfall. Aber Auf und Ab lösen einander zu allen Zeiten des Lebens immer wieder ab. Es ist nicht wahr, daß der Höhepunkt des Lebens in bestimmten, immer gleichen Jahren liegen muß. Die einen nämlich erreichen ihren Höhepunkt mit zwanzig, die anderen mit dreißig, die nächsten mit sechzig, und nichts steht dem entgegen, daß ein Mensch den Höhepunkt seines Lebens auf dem Gipfel seiner Jahre mit neunzig oder hundert Jahren erreicht.

In jedem Lebensalter kann der Höhepunkt eines Lebens erreicht und überschritten werden. Und in jedem Alter kann ein neuer Höhepunkt erreicht werden. In den Leben aber, die uns vorbildhaft erscheinen, die wir als natürliche Leben empfinden, weil sie nahe der Vollkommenheit sind, in diesen Leben sind immer verschiedene Höhepunkte zu finden. Nach mancherlei Anstieg und Abfall erweitern sich diese Leben immer wieder, werden größer und fruchtbarer und vollenden sich schließlich in einem fruchtbaren Tod.

Es gibt kein Alter, in dem das Leben sich nicht mehr zu erweitern, zu vergrößern, zu verschönen vermöchte, in dem es nicht fruchtbarer, tiefer und feuriger werden könnte. Man muß nur freilich das Leben in seinem ganzen Umfange betrachten, in seiner ganzen Tiefe und nicht nur vom Biologischen her oder vom Sexuellen her oder vom Standpunkt des Sportlers aus oder vom Standpunkt des Berufsmenschen. Man muß alle Kräfte betrachten, die zum Leben gehören, die einander abzulösen pflegen, die sich gegenseitig verstärken und schwächen, so daß man in immer neuen Möglichkeiten ein immer neues Leben zu leben hat.

Betrachtet man freilich sein Leben von einem einzigen Standpunkt aus, orientiert man es nach einem einzigen Ziel hin, will man die neuen Ziele nicht sehen, die sich anbieten, haßt man gar die neuen Sternbilder, die über dem Horizont des neuen Lebensabschnittes aufgehen, dann freilich lassen sich

Höhepunkte und Kurven abmessen, lassen sich Abfall und Untergang feststellen, und die falschen Bilder stimmen zu einem falschen Leben.

Praktische Folgerungen

Wie der geborene Kämpfer dem Kampf entgegengeht, indem er seine kreatürliche Angst vor dem möglichen Untergang überwindet, indem er angesichts der Unausweichlichkeit des Kampfes seine Kräfte zusammenruft, indem er die Kräfte der geforderten Leistung gemäß wachsen spürt und indem er das jenseits des Kampfes auftauchende Ziel fest im Herzen behält – so muß jeder lebendige Mensch den Krisen entgegengehen.

Das Bewußtsein von der Unausweichlichkeit der Krisen im Leben verleiht die Kräfte zur Überwindung. Man muß es sich nur zugestehen, daß man nicht »krisenfest« ist, daß man auch gepackt und geschüttelt werden kann und deshalb geschüttelt werden wird. Man muß nicht einen *Rocher de bronze* darstellen wollen, während man ein im Wind der Überwindung wehender Baum ist.

Weiß man einmal, daß die Krisen zum Leben gehören wie der Sturm zum Wetter, weiß man, daß die Krise der Lebensmitte meistens ein Kampf um Leben und Tod ist, wenigstens aber die Entscheidung darüber, ob man in alten Gleisen weitervegetiert oder in neuen Bahnen weiterlebt, so wird man die versuchte Passivität der vierziger Jahre, das »Ich kann es doch nicht ändern«, aufgeben. Man wird sich zum Kampf stellen.

Krisenjahre sind nicht Jahre der Behaglichkeit und Besinnlichkeit. Wer in diesen Jahren behaglich oder besinnlich lebt, ist entweder ein Genie, oder er ist dabei, aus dem vollen Leben freiwillig hinauszugehen. In der Kampfzone gemächlich leben ist gefährlich. Ganz plötzlich wird man vom Kampf doch erreicht und, da man ungerüstet ist, hinuntergezogen.

Man soll also die Lebensmitte ernst nehmen und genau vorbereiten. Am besten ist es, wenn man sich schon Jahre vorher dem Kommenden allmählich anpaßt. Man beginnt mit einer genauen Selbstbeobachtung, mit einer scharfen Selbstkritik. Man muß feststellen, welche Arbeiten, welche Genüsse und Freuden noch in unser Leben passen und welche nicht mehr zu uns gehören. Wir tun unendlich viele Dinge, obwohl sie uns weder guttun noch angenehm sind. Mit diesen Dingen muß man so früh wie möglich Schluß machen. Wer den richtigen Instinkt dafür hat, wann eine Sache abgelaufen ist und deshalb ausgemerzt werden muß, der hat immer Platz für das heranwachsende Neue.

Wer rechtzeitig das entfernt, was er nicht wirklich lebendig erfüllen kann, schafft Platz für das Leben und kommt entweder gar nicht in die Krise oder kann sie leicht überwinden. Eine erbarmungslose Inventur ist nötig, wenn die ersten Anzeichen der Krise auftauchen, eine Abrechnung, eine sofortige Änderung des gesamten Lebenszuschnittes.

Man muß also die Krise ernst nehmen. Man muß alle Appetite, Wünsche und Gewohnheiten überprüfen und die mechanisch gewordenen abtöten. Man muß wissen, daß die Krise endet, sobald sie ihr Ziel erreicht hat. Dies Ziel ist die Anpassung des Menschen an das neue Klima, an die ganz anderen Forderungen des neuen Lebensalters. Das neue Lebensalter erfordert einen neuen Lebensstil. Wer im alten Stil weiterlebt, verlängert die Krise und erhöht ihre Gefahren. Der Wechsel, das Herausgehen, die Abwechslung sind gesunde Hilfsmittel. Wer sie nicht anzuwenden vermag oder wer sich fürchtet, sie anzuwenden, der muß wissen, daß er wenigstens im gleichen Maße innere Veränderungen vornehmen muß. Die Möglichkeit einer rein geistigen oder rein seelischen Krisenüberwindung besteht. Aber sie besteht nur für sehr starke Geister und sehr besondere Seelen. Sie ist nicht weniger anstrengend als die mit äußeren Mitteln herbeigeführte Überwindung.

Das Gefährlichste, was man in der Krise tun kann, ist abwarten, ist dasitzen und glauben, die Krise könne einen vergessen. Die Krise vergißt niemanden, und sollte sie ihn doch vergessen, so nützt das auch nichts. Denn dann holt der Tod bald den Unlebendigen ab.

Jede Krise verlangt Aktivität. Wer einmal erkannt hat, wie leicht Passivität zum Einschlafen der edelsten und wichtigsten Kräfte führt, ja sogar zum Tode, der begrüßt die Peitschenhiebe der Krise. Er begrüßt sie nicht freudig. Denn sie sind ja ein Zeichen, daß man viel versäumt hat. Er begrüßt sie aber doch gefaßt, ja getröstet. Denn sie sagen ihm, daß der große Lebenslenker, die Lebenskraft in der Mitte des menschlichen Herzens noch lebt und bestrebt ist, das Leben weiterzutreiben.

Bekämpft werden muß also vor der Krise und in der Krise die Gewohnheit. Gesäubert werden muß durch eifriges Herausprobieren des Notwendigen und des Überflüssigen der Instinkt. Gefunden werden muß die freudige Bejahung der Suche, des Aufbruchs in ein neues Land, und geübt werden muß alles, was die erloschene Aktivität wieder entflammt.

Über einzelne Verhaltensweisen und praktische Übungen, durch die man die Krise gewissermaßen unterläuft, später.

Vom biologischen her betrachtet

> Die Naturwissenschaft soll nicht bloße Tatsachenaufzählerei sein, sondern die Wissenschaft von den ewig währenden Verwandlungen des Heiligen Geistes auf der Welt.
> Die treibende Kraft der Evolution aber soll der Wille zum Leben, und zwar zu einem volleren Leben sein.
>
> Bernhard Shaw

Mensch und Tier

Die Biologie – vor allem die nachdarwinsche – hat meiner Ansicht nach nicht immer genügend der Versuchung widerstanden, die aus dem Tierversuch gewonnenen Erkenntnisse ohne weiteres auf den Menschen zu übertragen. Darwin selbst, sicherlich einer der größten Biologen, die je gelebt haben, hat es seinen Ausdeutern nicht ganz schwer gemacht, ihn mißzuverstehen.

Der Kampf ums Dasein etwa, dieses Ausleseprinzip der Natur, ist bestimmt eine Grundtatsache des natürlichen und kreatürlichen Lebens. Aber damit noch nicht des menschlichen Daseins. Der Mensch wird nicht in seinem Gesamtwesen von Naturprinzipien beherrscht, und er kann deshalb sich aus dem Kampf ums Dasein in der Natur nicht die ethischen Entschuldigungen besorgen für einen Kampf aller gegen alle. Er darf nicht – wie es mal ein Zoologieprofessor in einer naturkundlichen Ausstellung versucht hat – aus dem Kampf aller gegen alle eine politische Weisheit ableiten wollen, die machiavellistische Weisheit nämlich, daß der Mensch den Menschen vernichten müsse, um selbst am Leben zu bleiben.

Der Mensch ist – man muß es heute wirklich noch sagen – nicht nur dem Grade nach, sondern seinen Formprinzipien nach vom Tier grundsätzlich unterschieden und mit ihm nicht zu vergleichen. Bleibt man innerlich auch nur ein wenig beim Tiervergleich, so kann es nicht mehr lange dauern, bis man im Menschen eigentlich nur noch eine Art von minderwertigem Tier sieht, ein heruntergekommenes Tier, eine degenerierte Haus- und Käfigbestie, der gegenüber die herrliche Naturbestie gar nicht genug gepriesen werden kann.

Ein Beispiel der geistigen Verwirrung, die von Darwin her über die naturwissenschaftliche Epoche hinweg den Menschen noch heute zu erfassen vermag, ist die Tiergymnastik, die eine Zeitlang Mode war und bei der es darauf ankam, den Tieren ihre Bewegungsprinzipien abzulauschen und ihre Bewegungen nachzuahmen.

Auch die seltsame Abart von Tierliebe, die sich in den zoologischen Gärten eine Tummelstätte geschaffen hat, konnte nur entstehen, weil der Mensch glaubte, vom Tier nicht nur viel lernen zu können, sondern im Tier sich selbst erkennen und studieren zu können oder gar seine ursprüngliche Form.

Mensch und Tier sind in eine gefährliche Nachbarschaft gekommen. Der Mensch ahmt das Tier nach. Er idealisiert es, oder er sehnt sich nach dem Zustand dumpfer Unverbrauchtheit. Er möchte zuweilen nach Tierprinzipien, das heißt unverantwortlich, ziellos und gedankenlos leben. Er sehnt sich danach, so zu leben, wie es ihn geradc überkommt, in Kampf und Ruhe, mit Essen, Verdauung und Fortpflanzung. Immer wieder treten Pessimisten auf und verkünden es als eine besonders tiefe Erkenntnis, daß der Mensch weniger sei als ein Tier, weil er durch Sprache und Intellekt verdorben und unter Tierniveau abgesunken sei.

Man kann übrigens auch das beweisen. Wenn der Mensch versucht, das Tier nachzuahmen, so erreicht er das Tier im Tiermäßigen nicht. Er beherrscht die Instinkte nicht im gleichen Maße wie das Tier. Er macht Fehler, die kein Tier machen würde. Kein Tier in der Natur ißt beispielsweise etwas, was es nicht braucht, was ihm nicht bekommt. Kein Tier in der Natur ist faul. Sehr selten verliert ein Tier seine Form. Das Durchschnittstier ist formmäßig dem Durchschnittsmenschen weit überlegen. Ja, nur sehr hervorragende Menschen vermögen die materielle Bildefähigkeit und Formfähigkeit des Tieres zu erreichen. Kurzum: in der Materie ist der Mensch dem Tier unterlegen. Rein materiell ist der Mensch eine verdorbene Tierart. Aber das Materielle gilt eben nicht allein.

In dem Augenblick, in dem es um den Menschen geht, versagt jeder Vergleich, jeder Versuch, jede Wissenschaft, die nur im Materiellen bleibt. Deshalb kann eine Biologie, die nur die Veränderungen und Reaktionsweisen der Materie betrachtet, die nur die Wirkung von Materie auf Materie für wissenschaftlich faßbar hält, niemals etwas Endgültiges, niemals die Wahrheit über den Menschen aussagen. Vom Biologischen her gesehen: das bedeutet bis jetzt noch immer: nur vom Materiellen her gesehen. Daher kommt es, daß die Biologie vieles beweist, vieles voraussagt, was nachher im Leben des Menschen doch nicht eintrifft.

Der Mensch lebt zum Beispiel oft länger, als er seinen biologischen Kräften nach leben kann, und er lebt oft viel kürzer, als es biologisch notwendig wäre. Das macht, seine anderen Kräfte, die nicht errechenbaren, wirken mit und lassen sich nicht ausschalten, auch wenn man sie nicht erkennt.

Altern biologisch betrachtet

Vom Biologischen her ist jenes falsche Bild der Lebenskurve ein klein wenig richtig. Rein biologisch gesehen steigen die Kräfte des Menschen langsam bis zu einem Höhepunkt an und von diesem Höhepunkt aus langsam wieder ab. Die Voraussetzung für diese gut gezogene biologische Kurve ist, daß der Lebensinhaber, der Mensch, sich um sein Leben nicht kümmert. Daß er in den Ablauf nicht eingreift. Daß er sich einfach zufallsmäßig im Rahmen der zufällig herauskommenden Kräfte in Richtung des geringsten Widerstandes und des stärksten Gefälles entwickelt. Daß er sich eigentlich gar nicht entwickelt, sondern daß er sich entwickeln läßt. Daß er wie ein Kork im Lebensstrom mitschwimmt, obenauf, solange die Bahn frei ist, am ersten Wehr, am ersten Strohhalm aber strandend.

An dem Menschen, der, zufällig gezeugt, zufällig geboren, zufällig lebt und stirbt, wirken sich die biologisch-materiellen Gesetze mit voller Kraft aus. Er ist klein, er wird größer, er wächst sich aus, er krümmt sich und wird wieder klein. Das ist die Kurve des zufälligen, des materiellen, tiernahen Lebens. Es ist aber nicht die »natürliche« Kurve, nicht die Kurve des menschlichen Lebens, das in natürlicher Weise alle in ihm schlummernden Kräfte aufweckt und entwickelt. Im Menschen nämlich sind neben den Kräften, die von selbst wachsen und durch die man das eine Mal groß und stark, das andere Mal aber nur groß und dick wird, das eine Mal leistungsfähig und erwachsen und das andere Mal krank und kindisch... im Menschen sind neben den Kräften, die von selbst wachsen, Kräfte, die ihm nur nach besonderen menschlichen Willensanstrengungen auf Grund von sorgsamer Arbeit und von immer neuen Entschlüssen zur Verfügung stehen.

Sobald diese Kräfte eingreifen, ist das schöne, glatte Bild der Lebenskurve zerstört, und es treten völlig unabsehbare Entwicklungs- und Absturzmöglichkeiten ein. Sobald der Mensch alle seine Kräfte einsetzt, tritt er aus dem Bereich des Biologischen, aus dem Bereich des dem Zufall, dem kreatürlichen Ablauf ausgesetzten Lebens in das Reich des schicksalbeherrschten, des menschlichen Lebens, das anderen, stärkeren Gesetzen untertan ist als den »kreatürlichen«.

Biologisch betrachtet altert der Mensch unerbittlich nach einer gewissen Reihe von Jahren, dann, wenn es seine Erbmasse und seine Gewohnheiten zusammen verlangen. Die Lebensdauer des Menschen ist biologisch von seinen biologischen Keimen abhängig. Genauer: wie alt der Mensch höchstens werden kann, das ist ihm in seinem Erbstamm bis zu einem gewissen Grade mitgegeben. Aber weil ihm in seiner Erbmasse nicht mitgegeben sind die Zufälle und Unglücksfälle des Lebens, die Nachlässigkeiten und Sünden, die Verschwendungen und Verfehlungen, so kann man von der Biologie her, von der Lebenskraft allein wenig über die Lebenslänge aussagen. Von der Erbmasse her ist auch nicht zu erkennen, was der Mensch an sorgsamer Pflege, an Bemühungen, an Übung seiner Kräfte für sein Leben aufwenden, was er aus seiner Erbmasse herausformen wird. Deshalb ist mit der Erkenntnis, daß ein Mensch seine Lebenslänge zu einem großen Teil ererbt, im Grunde nur wieder im Reich des rein Biologischen etwas anzufangen.

Da aber stimmen die Gesetze. Der Mensch, der »im Lebensstrom einfach mitschwimmt«, altert nach einer gewissen Reihe von Jahren, das heißt, an seinem Gefäßsystem, an seinem Gehirn, an seinen Drüsen zeigen sich Veränderungen. Die Bauchspeicheldrüse, die Nieren, die Hoden, die Eierstöcke, die Milz, die Leber verändern sich. Die Knochen werden spröde. Die Haut wird unelastisch. Die Reaktionsfähigkeit des gesamten Organismus wird geringer. Das Magendarmsystem arbeitet langsamer und kann nicht mehr die gleiche Menge von Speisen in schöpferische Lebenskraft verwandeln wie in der Jugend. Die Lungen arbeiten nicht mehr so gut. Die Lungenbläschen, die Alveolen, fallen zusammen. Die Atemfläche, die Luftaustauschfläche verringert sich. Der Brustkorb, der schon lange dazu neigte, zu verknöchern, wird unbeweglich, und wir haben in dieser Unbeweglichkeit, in dieser Verkleinerung und Versteinerung des Atems so recht ein gutes Bild des Alters, des immer kleineren Austausches zwischen innen und außen, der Verknöcherung, der Schrumpfung, des Aufhörens.

Kleiner Ausflug in die Atemkunde

Aber gerade das Zusammenfallen der Lungenbläschen, das Erstarren der gesamten Atemapparatur, das in den Lehrbüchern als eine der häufigsten Altersbeschwerden geschildert wird, gerade diese Schwächung des Atemvorgangs macht uns zum ersten Male stutzig. Was nämlich als eine fast sichere Altersbegleiterscheinung beschrieben wird, das ist schon bei vielen Menschen und bei immer mehr Menschen sehr früh wirksam, und es ist bei anderen Menschen, die sich ein wenig um die Atemvorgänge kümmern, auch im höchsten Alter nicht wirksam, ja man kann sagen, daß Menschen, die sich um ihre Atmung bekümmern, mit Sicherheit diese Altersbeschwerden nicht haben werden.

Die Atemkunde, eine sowohl uralte wie kindsjunge Kunst oder Lehre, hat uns gelehrt, daß der Mensch sehr verschieden begabt ist in bezug auf seinen Atemapparat. Es gibt von Natur aus ausgezeichnete Atmer, Menschen, die von selbst richtig atmen und die mit gut durchatmeten Lungen und einem schön aufrecht getragenen Brustkorb ein angenehmes Selbstbewußtsein verbinden. Andere Menschen müssen sich sehr um ihren Atem plagen und kümmern. Sie haben sehr zu arbeiten, um den Brustkorb elastisch zu halten, die Alveolen empfangsfähig, und sie können nur dann ihre Atemapparatur verbessern, wenn sie mit einer zähen Regelmäßigkeit am Atem arbeiten.

Die naturbegabten Atmer sind die Ausnahmen. Es sind die Menschen, denen ein Instinkt immer den richtigen Weg zeigt und die, ohne viel über ihre Gesundheit nachdenken zu müssen, das Richtige tun und darum in aller Gesundheit alt werden. Alle übrigen Menschen geben dem wissenschaftlichen Tatbestand recht. Wenn der Mensch älter wird, verkümmert sein Atemapparat. Sie geben ihm unrecht: wer sich im Älterwerden um die Atmung bekümmert, entgeht dem wissenschaftlichen Tatbestand oder Gesetz. Der Brustkorb bleibt so elastisch wie bei begabten Atmern. Die Lungenfläche wird voll ausgenutzt. Die Alveolen fallen nicht zusammen.

Wenn der Mensch sich um die Atmung bemüht, entgeht er in der Atmung jedenfalls den Erscheinungen, die die klassische Medizin als Altersgesetz der Atmung festgelegt hat. Der wissenschaftliche Tatbestand kann aufgehoben werden. Eine sehr wichtige Feststellung. Man kann als alter Mensch atmen wie als junger Mensch. Das steht fest. Man kann auch besser, tiefer, elastischer, wirksamer, heilsamer atmen als als junger Mensch. Man kann die eigentlichen Atemkräfte entfalten, die Atemmöglichkeiten voll auswirken lassen.

Wenn an einer Stelle bewiesen werden kann, daß die Alterserscheinungen nur naturgegeben sind und nicht menschenbedingt, nur im Zufallsverlauf und nicht im Schicksalsablauf begründet, wenn die Altersbeschwerden nicht eintreten müssen, sofern man die in jedem Menschen steckenden Möglichkeiten benutzt..., dann ist es klar, daß man jede Alterserscheinung, jede Altersbeschwerde von neuem zu bekämpfen versuchen muß. Wenn eine der quälendsten Alterserscheinungen, die Lungenunbeweglichkeit, das Altersemphysem »unnötig« und überwindbar ist, dann sind die anderen Alterserscheinungen vielleicht doch vermeidbar oder immer weiter hinauszuschieben, oder sie werden nur durch Lässigkeit und Mißbrauch hervorgerufen.

Aus den Erkenntnissen der Atemkunde ergibt sich die Frage: Verbraucht sich der Mensch notwendigerweise in den Formen, die wir alle kennen, oder sind diese Formen des Alterns zu ändern? Ist das Altern in der Form, in der wir es kennen, ein Naturvorgang, eine Summe von unausweichbaren Naturgesetzen, oder ist es zu einem Teil wenigstens verschuldet durch Nichtwissen, durch falsche Überlieferung, durch mangelhaftes Denken, durch Nachahmung und Suggestion, durch falsche Hingabe an die »Dinge, die nun einmal so sind«, und durch den Fehlglauben eines vergangenen Jahrtausends, daß die Natur des Menschen in ihrem Aufbau unvollkommen ist?

Die Natur des Menschen ist außerordentlich vollkommen. Sie wird nur sehr unvollkommen vom Menschen gehandhabt und ausgenutzt. Der Mensch – das schält sich klarer und klarer aus den wissenschaftlichen Bemühungen des letzten Jahrzehnts heraus – ist auch rein biologisch ein hervorragend gebautes, fein reagierendes Instrument. Man muß mit diesem Instrument allerdings so zart, so fein, so exakt umgehen wie jeder Virtuose mit seinem Instrument.

Wer aber nicht einmal versucht hat, das Klavierspiel zu lernen, sollte nicht behaupten, daß das Klavier nur sehr unvollkommen musikalische Gedanken auszudrücken vermag. Und wer nicht versucht hat, das Instrument des Körpers so zu spielen, wie es den innersten Körpergesetzen, den Körpertatsachen und den Körpermöglichkeiten entspricht, der sollte nicht über die natürliche Unvollkommenheit des Menschen sprechen. Er soll sich aber auch nicht wundern, wenn sein natürlich unvollkommener Körper ihm den Dienst verweigert.

Wie ist das nun mit dem Altern?

Es soll damit nicht behauptet werden, daß der Mensch nicht altern muß. Aber es soll die wissenschaftliche, exakte und unvoreingenommene Untersuchung darüber angeregt werden, welche von den Alterserscheinungen auf Mißbräuchen beruhen, welche darauf beruhen, daß vorhandene Kräfte nicht entwickelt werden, welche darauf beruhen, daß die einen Kräfte nicht entwickelt werden und die anderen zu sehr, und welche wirklich unerbittlich in der ganzen Natur des Menschen begründet sind und durch keine menschliche Macht ausgeglichen oder aufgehoben werden können.

Wenn wir durch Erfahrungen und durch die Arbeit von kenntnisreichen Atmern (nicht von Atemspezialisten, die zuweilen sehr viel wissen und können, aber durch Überbewertung der Atmung oft das Gleichgewicht des Menschen und ihre Ergebnisse gefährden), wenn wir durch eigene und fremde Erfahrungen erkannt haben, daß die Alterserscheinungen der Atemapparatur nicht im Wesen dieser Apparatur und nicht im Wesen der Natur des Menschen liegen, so entsteht der Verdacht, daß es mit den anderen Alterserscheinungen ebenso stehen könnte.

Natürlich altern zum Beispiel die Augen. Sie sind sogar die Organe, die zuerst altern. Vom zehnten Jahre an nimmt die Fähigkeit zur Naheinstellung des Auges ab, eine Entwicklung, die sich so langsam vollzieht, daß wir sie erst um das fünfundvierzigste Jahr als störend bemerken. Man könnte also sagen: im zehnten Jahr zeigen sich bereits die ersten »Alterserscheinungen«. Es ist aber nicht ganz klar, ob die Minderung der Naheinstellungsfähigkeit des Auges in der Natur des Menschen begründet ist oder ob sie von der Unnatur der Schule verursacht wird oder ob sie, wie Bates, der bedeutende amerikanische Augenarzt, meinte, zu einem großen Teil daran liegt, daß die Kinder die Ungezogenheiten ihrer Eltern nachmachen.

Die Frage, ob der Mensch zwangsläufig weitsichtig werden muß, ist meiner Kenntnis nach wissenschaftlich noch nicht eindeutig entschieden. Ich glaube auf Grund eigener Erfahrungen aber doch sagen zu können, daß zwar der Mensch im Durchschnitt mit vorrückenden Jahren weitsichtig wird, daß er aber, wenn er sich anstrengt, nicht weitsichtig zu werden braucht. Will er normalsichtig bleiben, so muß er sich gegen die »natürliche Alterserscheinung« zu wehren wissen. Er darf nicht einfach dadurch kapitulieren, daß er sich ein Kunstauge, die Brille, auf die Nase setzt. Er muß Augenübungen machen, er muß arbeiten. »Von selbst« wird er selbstverständlich weitsichtig.

Eine andere Alterserscheinung ist das Schwinden der geheimnisvollen Thymusdrüse. Hier beginnt das »Altern« mit zwölf oder dreizehn Jahren. Mit sechzehn oder siebzehn ist die Thymusdrüse sozusagen aufgebraucht oder hat nur noch irgendwelche nicht ganz klare Funktionen während der Schwangerschaft. Die Wissenschaft nennt sie eine Wachstumsdrüse. Die alte Überlieferung aber, vor allem die parsisch-zarathustrische Überlieferung sagt, daß in dieser Drüse das Geheimnis der ewigen Jugend sich darstellt und daß jeder Mensch durch ein System der Vibrationen in der Lage sei, diese Drüse bis ins hohe Alter funktionsfähig zu erhalten. Ich weiß nicht, ob das richtig ist. Aber ich nehme nach unseren bisherigen Erfahrungen an, daß die Drüse wirklich nicht ohne weiteres verschwinden muß und daß sie irgendeine wesentliche Funktion hätte, wenn man sie funktionsfähig erhalten könnte.

Mit dreizehn oder vierzehn Jahren, so berichtete ein Frauenarzt, gebären Frauen am leichtesten. Mit siebzehn ist eine Entbindung noch »fast immer ein Vergnügen«. Mit einundzwanzig Jahren sind die Frauen meist schon so verkrampft und verknöchert, daß die Geburt sich unter Qualen und Schwierigkeiten vollzieht. Mit achtundzwanzig Jahren aber heißt die Frau, die zum erstenmal ein Kind bekommt, eine Altgebärende, und sowohl die Frau als auch die Ärzte haben ein wenig Angst vor dieser Geburt.

Muß die Frau wirklich so verkrampfen und verhärten? Die Frauen glauben, daß der alte Fluch der Eva sich an ihnen verwirklichen muß, und haben nicht eben viel getan, um die jugendliche Elastizität des Gebärapparates zu erhalten.

Es gibt weder in den Mädchenschulen einen praktisch-gymnastischen Unterricht, der diese Dinge behandelt und übt, noch gibt es aktive Frauengruppen, die wissenschaftlich und praktisch alle Erfahrungen und Möglichkeiten zusammenfassen, welche eine leichte und immer leichtere Geburt garantieren. Man kann darum nicht sagen, daß die Elastizität erhalten werden, daß die Fähigkeit zu leichten Geburten immer errungen werden kann (obwohl man das in vielen Fällen feststellen kann). Aber man kann auch nicht beweisen – wie heute noch häufig Schulmediziner uns glauben machen wollen –, daß die Geburtsschwierigkeiten erstgebärender älterer Frauen Naturnotwendigkeiten sind, gegen die von der Natur der Frau her nicht eben viel zu machen ist.

Die Frauen werden eines Tages durch ein paar geniale Frauen zu der notwendigen Arbeit für eine allgemeine Erleichterung der Geburt gebracht werden, und sie werden das beweisen, was wir heute erst glauben, daß nämlich die Versteifung, Verkrampfung, Verknöcherung nicht eine notwendige Erscheinung der Jahre zwischen zwanzig und fünfzig ist, sondern aus einer Nachlässigkeit entsteht, der freilich die allermeisten Frauen unterliegen.

Die nachlassende Leistungsfähigkeit und Elastizität wird ja ganz allgemein als eine der Hauptalterserscheinungen angesehen und erlitten. Mit sechsundzwanzig Jahren ist ein Sportler alt, mit einunddreißig ist er ein Senior. Tatsächlich werden die sportlichen Höchstleistungen durchweg von jüngeren Menschen vollbracht, man kann sogar sagen, von immer jüngeren (Schwimmen und Eislauf zeigen das besonders deutlich).

Hier ist gewiß bei zunehmendem Alter eine abnehmende Leistungsfähigkeit festzustellen. Beim Sportler selbst, der Höchstleistungen hervorgebracht hat, ist diese Abnahme sogar rapide, weil er zumeist einseitig die einen Kräfte geübt und die anderen vernachlässigt hat. Beim Menschen, der ein Allround-Sportler ist, geht die Abnahme schon langsamer vor sich, und der Mensch, der neben dem Sport noch andere Fähigkeiten übt und entwickelt, wird im allgemeinen eine sehr lange Zeit auf der gleichen sportlichen Leistungsebene bleiben können. Geistige Menschen, die Sport treiben, bringen mit sechzig oder siebzig Jahren zumeist bessere Leistungen hervor als ehemalige Sportler im gleichen Alter. Wenn also die Leistungen des Menschen im Sport von einer gewissen Altersstufe an schnell nachzulassen pflegen, so beweist das auch wieder nicht eindeutig, daß die Kräfte des Menschen überhaupt nachlassen, sondern nur, daß, wenn einzelne Kräfte über Gebühr beansprucht sind und andere Kräfte über Gebühr vernachlässigt, der gesamte Kräftezustand des Menschen mit einemmal nachzulassen pflegt. Hier liegen die Gefahren des Sportes, der einseitig betrieben wird.

Man darf, glaube ich, sagen: Der Mensch altert im Durchschnitt nicht deshalb so schnell, weil es in der Natur des Menschen, in der Natur seines Gesamtorganismus so begründet ist, sondern weil er diesen seinen Organismus nicht kennt und weil er die Kniffe nicht kennt, die der Körper braucht, die

Tricks nicht, mit denen er sich selbst behandeln und handhaben könnte.

Der Mensch muß altern. Das liegt wahrscheinlich in der Natur seiner Natur. Aber er muß auf keinen Fall zu der Zeit altern, zu der es bisher die Wissenschaft als unvermeidlich ansah, und er braucht auch nicht in der Form zu altern, in der es bisher geschah.

Er kann bei jedem einzelnen Organ bessere Ergebnisse haben, als er sie bisher hatte. Er kann später altern ... das ist gewiß. Er altert falsch.

Bevor ich aber über das richtige und zeitgemäße Altern spreche, muß eine besonders gefährliche Altersangst behandelt werden: die Angst vor dem Absterben der Sexualität, die sich bei den Frauen in der Angst vor dem Klimakterium auszudrücken pflegt, bei den Männern in der Angst vor dem Nachlassen der Potenz.

Die Sexualkrise der Lebensmitte

Von den Dunkelheiten, die um die Lebensmitte herum das Leben der Menschen verschatten, sind die schlimmsten die Dunkelheiten, dic aus dem Geschlechtsleben des Menschen erwachsen. Die Krise der Lebensmitte entsteht bei den meisten Menschen aus einer Krise des Geschlechtlichen, und die Todesängste und Lebensängste dieser Lebensstufe haben ihre Wurzel meist im Sexuellen.

Ich möchte mich durch diese Feststellung nicht gern mit jenen Wissenschaftlern verbünden, die nach dem Prinzip von Ursache und Wirkung glauben, daß im Sexus das »eigentliche« Leben zu finden sein müsse (weil nämlich der Mensch aus dem sexuellen Zusammenklang zweier Menschen entsteht). Aus diesem Fehlglauben, aus dieser Überschätzung kommt die Furcht, daß mit dem Zurücktreten, mit dem Schwächerwerden des Sexuellen das ganze Leben schwächer und langweiliger wird, daß das Sexuelle, wenn es das Leben nicht beherrscht, überhaupt untergeht. Von einem Untergang kann aber nicht die Rede sein und sollte nicht die Rede sein. Es findet vielmehr nur ein Bedeutungswandel und Wertigkeitswandel des Sexuellen statt.

Das Leben des Menschen wird vom fünfzehnten bis vierzigsten Jahr zum größten Teil vom Geschlecht beherrscht, gelenkt, verwirrt und verschönt. In diesem Lebensabschnitt gibt es beinahe für jeden Menschen Zeiten, in denen Leben und Geschlechtsleben Gleichwörter sind, in denen alle Wünsche, alle Träume, alle Bemühungen nur darauf ausgehen, im Geschlechtsleben siegreich und erfolgreich zu sein. Leben und »sich ausleben« in der mageren sexuellen Bedeutung des Wortes sind dann dasselbe. Die Welt verengt sich in einer erstaunlichen Weise. Niemals in seinem Leben hat der Mensch mehr Scheuklappen als in der Zeit seiner sexuellen Blüte, und schon aus diesem Grunde kann nicht der Höhepunkt des Lebens mit dieser Blüte zusammenfallen.

Es kommt noch hinzu, daß der Mensch sein natürliches Gleichgewicht verliert, sobald und solange das Geschlechtsleben sein Leben beherrscht. Das geht so weit, daß er alles Gleichgewichtige und Harmonische haßt. Daß er die kleinen Kämpfe und Reibungen sehr wichtig nimmt und daß er sich an den Disharmonien des Lebens geradezu aufrichtet und entzündet.

Fast alle, die von der Sexualität gefangengehalten werden, möchten sich befreien, weil sie die unvermeidlichen Abstürze nicht ertragen. Die Abstoßungskraft der sexuellen Sphäre ist selten geschildert worden. Sie ist aber oft sehr groß, und der Geschlechtstrieb mußte von einer weisen Natur so stark gemacht werden, damit er die Menschen auch gegen ihren Willen immer wieder in das Geschlechtsleben hineintreibt, aus dem sie sich zu befreien suchten.

Natürlich entschädigen immer wieder kurze, heftige Erfüllungen die Liebenden für viele Leiden, und bei allen Enttäuschungen sind die Möglichkeiten überwältigend groß, besonders wenn man sie mit den übrigen Möglichkeiten des Durchschnittslebens vergleicht.

Kein Wunder also, daß die Menschen doch nur immer wieder »dieses eine« ersehnen und wünschen. Kein Wunder, daß das Geschlechtliche zum Lebensmaßstab wurde und daß sehr viele Menschen sich kein Leben denken können, in dem die Sexualität nicht im Mittelpunkt des Lebens steht.

Die natürliche Entwicklung wäre die Umwertung und Umbildung des Sexuellen in das Erotische und die Einordnung des Erotischen ins Leben. Für die meisten Menschen aber ist der Eros nichts weiter als ein »feineres« Wort für den Sexus. Sie kennen die Leben nicht, die ihre Wärme, ihr Feuer aus den Tiefen des Eros empfangen, aus den Kräften also, die das Sexuelle geformt und vermenschlicht, gestaltet und auf Gestaltung ausgerichtet haben.

In der Krise der Lebensmitte muß die Sexualität durch den Eros endgültig aus den Fesseln des Kreatürlichen befreit und in das Menschliche transponiert werden. Die Sexualität in ihrer reinen, krassen Form paßt nicht in das Leben des reifen Menschen. Der Mensch, der eine Zeitlang ein Sexualwesen war, soll wieder zum Menschen werden. Das ist, mit einem Satz gesagt, der Sinn der Wechseljahre. Er soll aus der Einseitigkeit, die ihn auch in allen anderen Lebensgebieten allzu leicht gefangenhält, zurückgeführt werden in das Gebiet des Totalen, in dem er als Kind schon einmal wohnte. Er soll wieder natürlicher werden, der Menschennatur wieder näherkommen. Die Sexualität hatte ihn aus dieser Natur vertrieben und von sich selbst entfernt. Nun kann er sich wieder finden.

Diese Übergänge vom Sexus zum Eros, von der Einseitigkeit zur Allseitigkeit, von der Enge zur Weite sind besonders schwer und kritisch. Denn sie haben neben den rein körperlichen Schwierigkeiten auch ihre geistigen und seelischen Rückwirkungen, Ängste und Depressionen.

Mann und Frau bekommen Todesahnungen, wenn sie ihr

Geschlechtsleben ändern sollen. Kleine Umstellungen werden aufgefaßt als der Anfang des Sterbens. Die Menschen sind verstört durch Lebensangst, Todesangst und Melancholie. Aus Melancholie aber tun sie selbstverständlich das Falsche. Gerade dann, wenn die Umstellung aller Kräfte, wenn die Neuordnung des Menschen gebieterisch ein Abwarten, eine weise Zurückhaltung, eine sexuelle Pause verlangt, gerade dann versuchen die Menschen, sexuelle Höchstleistungen aus sich herauszuholen.

Das ergibt jenes schreckliche und allzu bekannte Bild der Torschlußpanik, jenes Sexualtheater unjunger Herren und Damen, das, ohne die alles verschönende selbstvergessene Leidenschaft gespielt, mit den Gesten und Worten junger Menschen dargestellt, peinlich wirkt.

Tatsächlich besteht für die Menschen in der Lebensmitte kein Grund zu den Geschlechtsübertreibungen, zur Lebensangst und Liebesangst. Nichts ist aus, nichts ist endgültig verloren. Man muß nur für jede Lebensäußerung die neue Form finden. Auch für die Liebe in den reifen Jahren. Der Mensch kann nicht mehr, soll nicht mehr, darf nicht mehr mit den Mitteln der Jugend, in den Formen der Jugend die Wünsche der Jugend verwirklichen wollen. Er muß zu neuen Erlebnissen aufbrechen. Während des Aufbruchs aber braucht er den größten Teil seiner Kräfte für die Suche nach dem neuen Weg, für die Ausrichtung auf das neue Ziel, für die Formung der neuen Gestalt des Lebens.

Die Ängste der Frauen

Etwa vom fünfunddreißigsten Jahr an steht bereits das Leben vieler Frauen unter dem Alpdruck der Wechseljahre. Sie beginnen sich mit einer Genauigkeit zu beobachten, die sie in den Jahren zuvor leider meist nicht kannten und die auch nur das Negative registriert. Jede kleine Schwäche, jeder noch so natürliche Kopfschmerz, jeder Blutandrang zum Kopf, jeder Schwindelanfall und vor allem jede Verschiebung der monatlichen Reinigung wird mißtrauisch festgestellt.

Die Literatur, das Theater und der Film haben diese Jahre der Angst, der Todesfurcht und der atemlosen Lebensleere seltsamerweise mit einem Schimmer von Komik umgeben. Das ist ein Zeichen, wie wenig wirklichen Anteil die Frauen an den Künsten gehabt haben und wie wenig die Männer für die Frauen das einfachste Gefühl menschlichen Anstandes aufbringen: das Mitleid.

Die Wechseljahre sind die schlimmsten Jahre für die Frau. Nicht in der Wirklichkeit, aber in der Einbildung. Der Eintritt all der bekannten Beschwerden unterliegt in einer kaum zu überschätzenden Weise psychischer Beeinflussung. Ein bedeutender Psychiater, I. H. Schultz, hat einmal gesagt, daß die Frauen dann ihre Wechseljahre haben, wenn sie sie haben wollen, und daß sie sie niemals haben, wenn sie sie nie haben wollen.

Man kann dem rückhaltlos zustimmen, wenn man das Wollen tiefschichtig genug auffaßt als einen Prozeß, der alle Kräfte mobilisiert und zum Einsatz bringt. Möglich ist es bestimmt, die Wechseljahre sehr weit, bis an die Grenze des Greisenalters hinauszuschieben. Man kennt genug Fälle, in denen die Frauen bis an ihr Lebensende ohne die Wechseljahre »ausgekommen« sind, die einen deshalb, weil sie sie wirklich nicht haben wollten, und die anderen deshalb, weil sie »vergessen« haben, sie zu kriegen, weil sie keine Zeit hatten, weil ihr Leben zu erfüllt war von positiven Dingen, um sich mit solchen Lebensverneinungen aufzuhalten.

Ein erfülltes Leben vertreibt die Angst

Eine Frau, die ein rundes, volles und erfülltes Leben führt, hat keine Zeit, Angst zu haben. Zu einem solchen Frauenleben gehört freilich der Versuch, weit über die sexuellen Wünsche und Begierden, weit über die sexuellen Ziele hinaus zu leben und zu denken. Wenn immer wieder gesagt wird, daß eine Frau in den Aufgaben des Kinderkriegens, der Kinderaufzucht und der Fürsorge für Mann und Haushalt aufgehen soll, ja, daß sie neben diesen Aufgaben keine Zeit hat, so ist das richtig und falsch zugleich. Richtig, weil die Kräfte der Frau in der Zeit des Kinderkriegens und der Kinderaufzucht ganz von den Familienaufgaben beansprucht werden, wenn der Haushalt gut geführt wird, wenn die Frau sich auch noch um das leibliche und seelische Wohl ihres seelisch und leiblich meist recht ungewandten Mannes zu kümmern hat. Trotzdem ist es falsch, zu sagen, daß die Frau allein diese Aufgaben hat. Denn diese Aufgaben füllen nur die Zeit etwa zwischen dem zwanzigsten und dem vierzigsten Jahr ganz aus. Vor dem zwanzigsten Jahr hat eine Frau anderes zu tun, und nach dem vierzigsten Jahr pflegen ihre Pflichten wenigstens gegen die Kinder so sehr zu schrumpfen, weil die Kinder in die Welt hinausgehen und nur noch wenig von der Mutter erwarten, so daß ihr genug Zeit und Kraft für neue Ziele und Arbeiten bleiben.

Die Schrumpfung der Aufgaben in der Familie pflegt genau zu der Zeit einzutreten, in der die Wechseljahre gewöhnlich beginnen. Und es ist klar, daß eine Frau, die ihre »eigentliche Lebensarbeit« dahinschwinden sieht, sich sehr bald zu nichts mehr nütze fühlt und der Lebensangst, dem Gefühl des Überflüssigwerdens anheimfällt. Wenn die Frauen um die Klippen des Frauenlebens einigermaßen herumkommen wollen, so müssen sie durch eine – von Grund auf neue – Erziehung daran gewöhnt werden, während ihrer sogenannten Blütezeit, in der Zeit der jungen Ehe, des Kinderkriegens und der Kinderaufzucht, neben ihrer materiellen Arbeit auch geistige und seelische Arbeit zu leisten. Sie müssen versuchen, neben der auf den Mann und die Kinder bezogenen Existenz eine eigene in sich ruhende, auf sich bezogene Existenz zu führen.

Wir brauchen Frauen, die ein sehr genaues Bewußtsein ihrer Kräfte, ein großes Selbstbewußtsein (im Wortsinne) haben.

Die so viel von ihren menschlichen Möglichkeiten halten, daß der Verlust ihrer fraulichen Anziehungskraft ihre menschliche Anziehungskraft nicht entscheidend schmälern könnte. Diese Frauen müssen fähig sein, sich das an Menschlichem hinzuzufügen, was ihnen an Fraulichem etwa verlorengeht. Bekommen sie das fertig, so werden sie seltsamerweise niemals ganz die frauliche Anziehungskraft, niemals den feinsten erotischen Reiz verlieren.

Übrigens können auch die Frauen, die nichts anderes wollen, als weiter »sexuell mitspielen«, als weiter fruchtbar und anziehend sein, die sich um ein ganzes Frauenleben nicht bemühen mögen, den Beginn der Wechseljahre sehr weit hinausschieben, sofern sie die krampfhafte Abwehr, die Angst vor dem Altern vermeiden. Die Abwehr zieht leicht das Verwelken an, dem man ausweichen wollte. Außerdem ist es natürlich nötig, daß diese Frauen die Natur des fraulichen Organismus studieren und versuchen, durch eine einigermaßen vernünftige Lebensweise und regelmäßige ordentliche Übungen an die lebendige Substanz ihres Organismus zu kommen. Diese lebendige, innerste Substanz (die nicht materiell beschreibbar, die nicht von außen her erweckbar ist) von innen her in Schwingung oder Vibration erhalten..., das ist das Geheimnis der ewigen Jugend.

Die erfüllten und selbstbewußten Frauen bleiben deshalb jung und lebendig, weil in ihnen »von selbst«, das heißt als Frucht eines allseitig geführten Lebens, diese Vibration, die Schwingung der innersten Substanz niemals aufhört. Die anderen Frauen aber, die sich immer nur um einzelne Fähigkeiten und Möglichkeiten des fraulichen Lebens gekümmert haben, die ganz in ihren Aufgaben des Frau- und Mutterseins oder gar in den Aufgaben der sexuellen Anziehung aufgegangen sind, stehen mit einemmal vor schwierigen Veränderungen. Mit dem bisherigen Kraftaufwand, mit all ihrer Mühe, Arbeit und Sorgfalt (die sie für andere aufgewendet haben) und mit aller Vernachlässigung und Selbstvergessenheit, was ihre eigene Existenz betraf, sind sie in die Krise der Wechseljahre hineingekommen. Wie können sie hoffen, wieder hinauszukommen, wenn sie in derselben Arbeit, in derselben nachlässigen Haltung zum Leben verharren?

Wenigstens die Wechseljahre hinausschieben

Die Möglichkeit, den Wechseljahren zu entgehen, besteht zweifellos für jede Frau. Sorgsame Körperpflege, weise Übungen, richtige Diät, überlegene geistige Haltung und seelische Führung können den Beginn der Wechseljahre auch dann noch hinausschieben, wenn er sich bereits anzeigte. Es gibt Fälle, in denen Frauen, die schon mitten in den Wechseljahren standen, mit einem Aufwand bewundernswerter Energie (häufig allerdings befeuert von dem Geschenk einer neuen Leidenschaft) wieder in den Vollbesitz ihrer sexuellen Kräfte gekommen sind. Es gibt Frauen, die mit fünfzig, ja mit sechzig Jahren Kinder bekommen haben und noch dazu besonders schöne und begabte Kinder.

Es steht fest, daß man die Wechseljahre wenigstens um so viel hinausschieben kann, wie es dem verlängerten Leben von heute entspricht, um zwanzig Jahre nämlich. Ich schlage vor, es als Regel festzusetzen, daß eine Frau vor dem sechzigsten Jahre normalerweise nicht mehr in die Wechseljahre kommen darf. Ich glaube fest daran, daß schon diese Festsetzung sehr viele Frauen bewegen würde, nicht früher die Wechseljahre zu beginnen. Denn die meisten Frauen fügen sich nun mal den festgesetzten Normen und Regeln gern. Die zwanzig Jahre, die unserem Dasein allgemein zugefügt sind, sollen die Frauen also ihrem vollen Frauendasein hinzufügen.

Rein äußerlich haben es ja mehr und mehr Frauen gelernt, anziehend zu bleiben. Aber gar zu häufig kommt es doch noch vor, daß die innere Müdigkeit ganz plötzlich durch die äußere Haltung durchbricht und die Frauen in einem schnellen Zusammenbruch die lange zurückgestellten Jahre des Verwelkens nachholen.

Viel ist damit nicht gewonnen, daß nach außen hin eine gewisse Jugendlichkeit gewahrt wird. Aber man soll es auch nicht unterschätzen. Eine Frau, die Haltung zeigen muß, bekommt häufig eine innere Haltung, eine Frau, die sich immer zusammenreißen muß, bekommt manchmal die Kraft, sich schließlich wirklich zu halten. Deshalb bleibt die Forderung bestehen, daß die Frauen (und die Männer) sich äußerlich anziehend und schön zu halten und zu geben haben. Die Welt gewinnt dadurch. Aber auch die Frau gewinnt. Weder der Welt noch der Frau ist damit gedient, daß man den Frauen erlaubt, sich zu vernachlässigen, aus der Form zu gehen, dick zu werden, zu verschlampen und den Weg des Lebens zu Ende zu trotten, weil es ja »doch nicht mehr darauf ankommt«, weil man ja doch den Mann nicht mehr zu fesseln vermag.

Das Formvermögen der Frau

Die Forderung nach Form und Haltung wird nicht die Lebensangst der Wechseljahre zum Verschwinden bringen. Aber sie wird vielen Frauen zunächst einmal den Hinweis geben, wieviel sie über sich vermögen, wieviel besser sie sich formen können, als sie dachten. Ich glaube, daß der Frau das wesentliche Erlebnis ihres Lebens gegeben ist, wenn sie ein einziges Mal das ungeheure Formvermögen an sich erlebt, das jeder Frau, absolut jeder, eingeboren ist.

Die Frauen sind doch von Natur aus die eigentlichen Gestalter! Sie formen das kommende Geschlecht nach ihrem Bilde und nach dem inneren Bilde, das sie vom Vollkommenen in sich tragen.

Ihre materielle Formkraft ist viel größer als die Formkraft der Männer. Man muß den Frauen aber immer wieder zureden, diese Formkraft auch an sich selbst zu erproben und an sich selbst anzusetzen. Man muß ihnen die Selbstkritik und das Selbstvertrauen gleichzeitig so weit stärken, daß sie den »Zweck der Übung« einsehen. Daß sie auch dann die Formungsarbeit auf sich nehmen, wenn sie sich keinen Erfolg beim Manne mehr davon versprechen.

Die Frau, die erst wieder an sich arbeitet, hat die Schäden der Wechseljahre eigentlich schon überwunden. Denn sie muß zwangsläufig sehr bald erkennen, daß ihr alle Bildekräfte zur Verfügung stehen, soweit sie sie einsetzen will. Damit aber wird sie das entsetzliche Gefühl verlassen, daß sie am Ende ist. Sie wird spüren, daß sie von der Natur von neuem aufgerufen wurde, ein anderes, ein neues Leben zu formen, eines der vier, fünf Leben, die jedem Menschen zustehen.

Es wird also mit aller Vorsicht und aller Entschiedenheit die Behauptung aufgestellt, daß es die Aufgabe der Wechseljahre ist, ein neues Leben einzuleiten. Daß die Erscheinungen der Wechseljahre nicht einen Schluß anzeigen, sondern eine Wende. Die Wechseljahre aber als Absterbejahre gehören so wenig zu einem natürlichen Leben, wie meinem Glauben nach die chronischen Krankheiten zu einem natürlichen Leben gehören.

Die Krankheiten (um das wenigstens anzudeuten) haben meiner Ansicht nach die Aufgabe anzuzeigen, daß man große Fehler in der Lebensführung, in der Lebenshaltung, in der Lebenszielsetzung gemacht hat. Die Krankheiten wollen dem Menschen Gelegenheit geben, die gemachten Fehler einzusehen und die durch die Fehler angesammelten Giftstoffe oder Fremdstoffe auszuscheiden. Genauso bedeuten die Wechseljahre nichts anderes als Signale, als Zeichen des innersten Lebenswillens, daß man falsch gelebt hat, daß man sein Leben ändern muß, daß man neue Ausblicke, neue Ziele zu suchen hat.

Als These formuliert: nur die Frauen – und das sind leider die meisten Frauen – kommen in die Wechseljahre, die in irgendeiner Weise Mißbrauch mit ihrer Weiblichkeit getrieben haben. Durch Unterdrückung oder durch Verschwendung, durch Fernhalten vom natürlichen Leben oder durch Versacken im kreatürlichen Leben. Andererseits zeigt das Ausbleiben der Wechseljahre, das viele Frauen erreichen, wie sehr sie ihrer Natur, ihren Kräften gemäß gelebt haben und daß sie sich mit dem wandelnden Leben zu wandeln verstehen.

Weshalb kamen die Frauen immer in die Wechseljahre?

Aber wie? Sind denn nicht viele tausend Jahre lang die Frauen in »ihre« Jahre gekommen? Sicherlich..., wenigstens soweit man es weiß, sicherlich. Viele tausend Jahre lang sind auch die Menschen im Durchschnitt dreißig bis fünfunddreißig Jahre alt geworden. Viele tausend Jahre lang sind von den gebärenden Frauen ein Viertel bis ein Drittel im Kindbett gestorben. Viele tausend Jahre lang waren infolgedessen die Wechseljahre für viele Frauen kein brennendes Problem. Viele tausend Jahre lang endlich galt es als selbstverständlich, daß der Mensch im wesentlichen nicht über die Formen des Lebens seiner Vorfahren hinauskommen könne.

Wir wissen jetzt, daß die Vorfahren manches wußten, was wir vergessen haben. Aber sie wußten auch vieles nicht, was wir uns jetzt langsam erobern. Vor allem haben unsere Vorfahren beinah alles fatalistisch getragen, als unabänderlich genommen, was die Frauen betraf. Die Männer haben nichts oder wenig vom Organismus, vom Gesamtwesen der Frau verstanden, obwohl sie entsetzlich viel darüber geschwatzt und geschrieben haben. Es gab Frauenverehrer und Frauenverächter die Menge. Frauenkenner gab es kaum. Und die Frauen haben sich auch nicht genügend um die wichtigsten Frauenfragen gekümmert, bis aus den Frauenfragen die Frauenfrage wurde.

In fast allen Fragen, die das leibliche Leben der Frau betreffen, stehen wir deshalb erst am Anfang. Man weiß eigentlich nur das, was sich von selber ergeben hat. Was das Schicksal über die Frauen verhängte, das wurde von ihnen immer wieder geduldig getragen. Sie waren stets dem Fatalismus zugeneigt und haben ihn mit einer überflüssigen Pflichtauffassung verbrämt. »Man kann es ja doch nicht ändern«..., das ist der eigentliche, bodenlose Grundsatz, der die Haltung der Frau sich selbst gegenüber zu bestimmen pflegt. Schönheit ist ein Geschenk, Häßlichkeit ein Fluch. Wenn man Glück hat, kriegt man einen Mann, wenn man das Große Los zieht, kriegt man sogar den Mann, den man liebt. Wenn man kein Glück hat, kriegt man keinen Mann, kriegt keine Kinder und kriegt überhaupt nichts vom Leben ab. Damit muß man sich abfinden.

Aus diesem Fatalismus, der sich zuweilen zu großartiger Schicksalsgläubigkeit steigert, allzuoft aber zu grenzenloser Passivität herunterzieht, erklärt es sich auch, warum die Frauen das große Märchen von der Unabänderlichkeit der Wechseljahre sich gegenseitig erzählen und glauben. Sie glauben es sich, weil ja wirklich die Wechseljahre dastehen und darauf warten, über alle jene Frauen herzufallen, die passiv genug sind, sich überfallen zu lassen, die es nicht fertigbekommen, sich zur Wehr zu setzen.

Man muß sich aber zur Wehr setzen. Man muß aktiv etwas tun. Das ist den meisten Männern einigermaßen klar. Aber die Frauen bringen die Aktivität im allgemeinen nicht auf. Warum? Das hat unendlich viele Gründe, von denen einige allgemeinmenschliche Gründe sind – weshalb ja auch viele Männer in die Wechseljahre kommen –, und andere, die rein frauliche Gründe sind.

Die rein fraulichen Gründe der Wechseljahre

Wenn schon der Mann sich vom Untergang bedroht fühlt, sobald er erkennt, daß die Geschlechtlichkeit nicht mehr die entscheidende Rolle spielt, so muß die Frau bei der gleichen Erkenntnis noch schlimmere Bedrohungen herannahen fühlen. Nicht deshalb, weil sie dem Geschlecht verknüpfter wäre als der Mann, sondern deshalb, weil man sie ein paar tausend

Jahre lang doch nur als Geschlechtswesen gewertet, zum Geschlechtswesen erzogen hat. Das Leben der Frau ist selten ein unabhängiges Leben gewesen. Die Vollendung ihres Lebens, so wurde ihr gesagt, konnte nur im Mann und im Kind gefunden werden. Die Hingabe bis zur Selbstaufgabe wurde als ihre Aufgabe betrachtet.

Der Aberglaube, daß eine Frau sich erst in Mann und Kindern vollende, ließ die Frauen niemals zu einer ruhigen Entwicklung der ihnen eigenen Kräfte kommen. Natürlich will eine Frau einen Mann und Kinder. Aber ebenso natürlich will ein natürlicher Mann Frau und Kinder. Weshalb bezieht man bei völlig gleicher Lage das Leben des Mannes nicht nur auf Frau und Kinder, aber das Leben der Frau nur auf Mann und Kinder? Nur aus Gedankenlosigkeit, nur aus Überlieferung und noch dazu aus einer schlechten Überlieferung.

Schon die ganz jungen und unreifen Frauen schielen – wer wollte es ihnen verübeln? – nach den Männern als nach den Vollendern ihres Lebens. Sie glauben sogar, daß sie von selbst reif werden, wenn sie nur Mann und Kinder kriegen. So kommt es, daß ungeheuer viele Frauen unreif, unüberlegt, überstürzt in eine Ehe hineinstolpern, für die ihnen alle Kräfte fehlen. Was eine Frau aber nicht wenigstens schon ein wenig entwickelt in die Ehe mitbringt, was sie nicht schon für sich erprobt und erworben hat, das kann sie nur selten in der Ehe, am Mann, in der Kindererziehung entwickeln.

Das Geschlechtliche reift nur den Menschen, der es überlegen beherrscht und handhabt. Wer vom Geschlechtlichen als solchem angezogen und festgehalten wird, der wird durch das Geschlechtserlebnis niemals reifer. Ehen, die von Frauen geschlossen werden, weil die Geschlechtserwartung sie hineinzieht, sind denkbar ungeeignet für die Entwicklung der Frauen.

Die meisten Frauen gehen unreif in die Ehe und bleiben deshalb in der Ehe unreif. Sie werden Mütter und Großmütter und bleiben Kinder. Die Abhängigkeit vom Mann, von seinem Geld, von seinen Launen, von seinen Erfolgen und Mißerfolgen erzeugt eine dauernde Unsicherheit. Sie erzeugt eine falsche Hingabe, eine Hinnahme selbst der schlechtesten sexuellen Gewohnheiten des Mannes. Da die Frau glaubt, nur im Mann sich vollenden zu können, nimmt sie den Mann immer noch wie ein unabänderliches Schicksal hin. Nur wenige Frauen bringen es kraft ihrer größeren seelischen Einsicht fertig, den Mann wenigstens auf dem sexuellen Gebiet zu erziehen, dessen eigentliche Meister und Meisterer sie sein sollen und auch sind, wenn sie es sich nur zutrauen. Die meisten versuchen die fast immer notwendige Erziehung des Mannes gar nicht. Deshalb können sie die großen Unterschiede in der sexuellen Natur des Mannes und der Frau nicht ausgleichen und nicht überbrücken. Deshalb paßt sich die Frau in der Erlebnistiefe, in der Erlebnisbreite, in der Erlebnishäufigkeit fast immer dem Mann an.

Eine Frau aber, die sich dem Mann ganz anpaßt, verliert genauso gut ihre guten und wichtigen weiblichen Eigenschaften, wie ein Mann seine männlichen Eigenschaften verliert, der sich ganz seiner Frau anpaßt. Außerdem werden Frauen, die sich an die Männer verlieren, in der Ehe meist schnell reizlos. Obwohl sie doch selbst darauf aus sind, sich hinzugeben und nichts von sich zu behalten, fühlen sie sich schließlich doch ausgeliefert und vergewaltigt. Sie beginnen schließlich, ihren Mann zu hassen. Dieser Haß wächst langsam, schicksalshaft, unausweichbar, Jahr für Jahr. Er wird aber den Frauen zumeist erst bewußt, wenn der Sinn der Ehe erfüllt ist, wenn die Kinder weggehen. Das ist gewöhnlich zur Zeit der Wechseljahre.

Jetzt endlich begreifen die Frauen, daß ihnen und ihrem Leben etwas Entscheidendes fehlt, etwas, was ihnen die Aufopferung für die Kinder nicht geben kann, was sie von ihrem Mann nicht bekommen können. Manche Frauen würden jetzt gern ein selbständiges Leben beginnen, wenn sie nur gelernt hätten, sich wenigstens materiell allein durchs Leben zu schlagen. Viele Frauen aber können nicht mehr allein leben, sie können nichts Selbständiges unternehmen. Sie sehen keine Aufgabe. Sie haben keine Welt außer ihrer Sorgenwelt, wenn es ihnen materiell schlecht geht, außer ihrer sogenannten Gesellschaftswelt, wenn es ihnen materiell gut geht. Aber weder die Sorgenwelt noch die Gesellschaftswelt macht das Leben der Frau in der Lebenskrise lebendig oder richtet es auf ein Ziel hin.

Was soll die Frau tun? Sie vermag sich aus materiellen Gründen und aus seelischen Ängsten nicht von ihrem Mann zu trennen. Sie will aber auch nicht mehr wie bisher mit ihm leben. Sie muß also etwas Trennendes zwischen sich und den Mann legen. Wenn schon nicht das Leben aufhört – und nicht wenige wären froh, wenn es zu Ende wäre, so melancholisch sind sie –, so soll wenigstens das Geschlechtsleben aufhören. Wenn sie nicht vom Manne weggehen kann, so will sie sich ihm wenigstens geschlechtlich entziehen. Aber natürlich würde sie dem Mann, dem sie immer gehorcht hat, nicht widerstehen, wenn nicht die Natur selbst ihr helfen würde. Sie ruft also die Natur zu Hilfe, und die Natur der Frau, oft beleidigt, meist vergessen, steht auf und hilft ihr. Die Wechseljahre kommen der Frau zu Hilfe. Sie darf, wenn sie in die Leere des Alterns hineinflüchtet, wenigstens auf einen vom Manne nicht mehr gestörten Lebensabend hoffen, wenn nicht sogar das Aufhören der Geschlechtlichkeit, wie es vorkommt, die lange entfremdeten Ehepartner zu einer abendlichen, von Resignation verklärten Zuneigung führt.

Viele werden von dieser Deutung überrascht oder befremdet sein, besonders dann, wenn sie die Tatsachen der Durchschnittsehen nicht kennen, wenn sie nichts wissen von der schrecklichen ehelichen Einsamkeit zu zweien, von der ungeheuren Unwissenheit der Frauen und Männer in sexuellen Dingen. Die Männer haben sich selten um die primitivsten sexuellen Bedürfnisse der Frauen gekümmert, und die Frauen wissen von ihren eigenen Bedürfnissen so wenig, daß sie sie den Männern nicht mitteilen können. Der Egoismus ist nirgends größer als in der sexuellen Sphäre. Jeder sieht zu, wie er zu dem kommt, was er braucht. Zwischen Anziehung und

Abstoßung pendelt das Leben der meisten Menschen dauernd hin und her, ohne daß die Menschen sich über die Gründe ihrer Liebe und ihres Hasses klarwerden.

Die Natur muß klüger sein als die Menschen, die zumeist nicht klug sind, obwohl sie, wenn sie sich bemühten, klug sein könnten. Die Natur muß die Menschen dorthin führen, wohin sie allein nicht gehen. Sie sagt den Frauen mit den Wechseljahren eine bittere Wahrheit: daß ihr Geschlechtsleben in der bisherigen Form nicht weitergehen kann. Leider wird diese Mahnung mißverstanden, und die Frauen glauben, daß sie überhaupt aufhören sollen, geschlechtlich zu leben. Statt daß sie das Geschlechtsleben einordnen, lassen sie es einschlafen.

Die Wechseljahre sind der Ausbruch gesammelter Enttäuschungen, sind der letzte Versuch der weisen weiblichen Natur, die Frau zu einem innerlich fruchtbaren Leben zu leiten.

Die gleichen Ordnungsprinzipien, die überhaupt in der Krise der Lebensmitte auftreten, sind auch in den Wechseljahren am Werk. Das gleiche Ziel, das die ganze Krise der Lebensmitte erreichen will, soll auch durch die Wechseljahre erreicht werden: eine Neuordnung der einzelnen Kräfte, der einzelnen Bereiche, des gesamten Lebens.

Genau wie die Krise der Lebensmitte nicht das Ende des Lebens bedeutet, sondern nur einen Wechsel der Ausblicke und Anblicke, der Ordnungen und der Ziele, so wollen die Wechseljahre auch nicht das Ende des Sexuallebens bedeuten. Sie sind nur die Mahnung, das Sexualleben einzuordnen in das übrige Leben, es zu führen und sich nicht mehr verführen zu lassen. Sie verlangen dasselbe, was die Krise der Lebensmitte verlangt: der Mann, die Frau, jeder Mensch soll endlich selbständig und erwachsen sein selbständiges, unabhängiges Leben beginnen.

Freilich gehört zu diesem Beginn nicht nur die Ordnung des Sexuallebens. Es gehört dazu, daß man sich mit vollem Bewußtsein das neue Leben, die neue Jugend erobert, daß man das selbständige, unabhängige Frauenleben endlich beginnt.

Der Mann hat zwei Möglichkeiten, den Beruf und die Liebe, das öffentliche Leben und das Familienleben. Aber es ist klar, daß er, der doppelt vom Leben begabt wird, auch doppelt im Leben gefährdet ist. In der Krise der Lebensmitte sind die meisten Männer sowohl vom Berufsleben wie vom Familienleben unbefriedigt. Hier wie dort lauern Gefahren. Hier wie dort wird er bedrängt, und in vielen Punkten überschneiden sich sogar die Gefahren aus beiden Bereichen.

Der Vierzigjährige sieht bereits eine geformte Generation hinter sich, und zumeist ist die Lebensform der Nachfolger anders als die eigene Form. Oft genug kann er sich in seiner eigenen Familie nicht mehr mit seiner Weltanschauung gegen seine Kinder durchsetzen. Jetzt, in der Weltwende, sind die Gegensätze noch stärker, als sie von Natur aus schon sind. In seiner eigenen Burg wird der Mann von Feinden aus eigenem Blut bekämpft. In seinen eigenen Zimmern sieht er eine Welt heranwachsen, die seiner Welt feindlich ist, die sie nicht nur ablösen, die sie auslöschen will. Zugespitzt gesagt: aus der Sexualsphäre entstehen dem Mann seine Kinder, seine Feinde, sein Tod, und alle tragen sie das gleiche Gesicht. Es geschieht wohl oft, daß die Liebe zwischen Vater und Kindern den Kampf seiner Schärfe entkleidet. Gekämpft werden muß der Kampf. Ganz entkommt kein Vater diesen Erlebnissen. Ganz ohne Anflug von Todesfurcht kann niemand seine Kinder und Nachfolger betrachten.

Später, wenn man eine neue Stellung bezogen hat, wenn man sich nicht mehr nur als Vater, nicht mehr nur als Glied einer Kette, nicht mehr als Generation allein fühlt, wenn man die eigene individuelle unverwechselbare Leistung hingestellt hat, wenn dic Weisheit des Alters klar sehen läßt, dann sind freilich diese Feindschaften und Ängste ausgelöscht. Dann ist aber auch schon die übernächste Generation herangewachsen, und der Altgewordene neigt sich friedvoll zu seinen Enkeln und versteht die Welt der dritten Generation von seinem vierten Leben her, vom Alter aus, sehr gut. Kämpfe zwischen Großvater und Enkel sind selten. Aber zwischen Vater und Sohn steht die Urangst, der Behauptungswille, die Brotangst.

Das Drama von Kaiser und Kronprinz ist das Lebensdrama im Leben sehr vieler Männer, und es hat einen tragischen Höhepunkt gerade in der Zeit, in der der Mann sowieso die Totenglocken für sich läuten hört, in der seine ersten Freunde plötzlich sterben, in der die Frau mit einemmal sich seltsam verändert oder gar in ein Reich davongeht, in dem sie ihm nicht mehr jederzeit zur Verfügung steht.

In seinem persönlichen Umkreis sieht sich der Mann gefährdet. Seine Geltung, die bisher unbestritten war, wird bezweifelt. Und zu diesen Schwierigkeiten kommt hinzu, daß er seine sexuellen Kräfte, auf die er zumeist in einer unverständlichen Weise stolz ist, schwinden spürt.

Die Tragikomödie der männlichen Impotenz, die je nach der Laune des Schicksals zwischen dem dreißigsten und fünfzigsten Jahre liegt, aber kaum ein Mannsleben ganz unberührt läßt, kann in diesem Zusammenhang in ihrer ganzen Höllenhaftigkeit nicht beschrieben werden. Die Angst vor der Impotenz selbst nimmt jedenfalls im Leben der Männer einen weit größeren Raum ein, als der Durchschnittsmensch weiß – und zugibt. Sie entscheidet sehr oft über die Lebensführung bedeutender und besonderer Männer negativ. Viele kommen dazu, ihr persönliches Dasein scheinbar grundlos abzubrechen und sich in die völlige Einsamkeit einer Aufgabe zurückzuziehen, hinter die Barrikaden eines Berufes oder einer Berufung. Vielleicht stimmt wirklich die Behauptung Alfred Adlers, daß viele Altersleistungen von Männern aus ihrer nachlassenden oder vermeintlich nachlassenden Potenz zu erklären sind.

Ich glaube, daß Leistungen aus dem Negativen, wie sie hier vorliegen mögen, hervorragend und wichtig sein können, aber niemals menschlich vollkommen, daß die Krise, die sich aus der Potenzangst ergibt und für die man den Begriff »Wechseljahre des Mannes« gefunden hat, nur dann fruchtbar beendet werden kann, wenn die Geschlechtsängste überwunden werden.

Es gibt unzählige Arbeiten über die Sexualkrise des Mannes. Zusammenfassend läßt sich etwa sagen, daß die Krise meist nicht physisch begründet ist, sondern rein psychische Ursachen hat, daß sie aus der Urangst vor dem Tode und vor dem Leben kommt. Daß sie daher kommt, daß der große Versucher an den Mann herantritt und ihn zu überreden sucht, endlich der ansteigenden Müdigkeit nachzugeben und das mühsam erarbeitete, mühsam auf der Höhe gehaltene und trotz aller Anstrengung langsam abrutschende Leben ganz hinzuwerfen.

Das Leben des Mannes, das äußerlich scheinbar mehr Erfüllungen zu haben pflegt als das Leben der Frau, kennt im Grunde auch nur wenige Erfüllungen. Im Sexuellen ist es an Enttäuschungen meist ebenso reich wie das Leben der Frau.

Wie sollte es auch anders sein, da die Männer im allgemeinen sich wenig Mühe geben, ihre Sexualkräfte zu beherrschen, ihr Sexualkönnen zu vervollkommnen, ihren Spürsinn für sexuelle Harmonie und Vollendung auszubilden? Da die Männer wohl das Bedürfnis haben, geliebt zu werden, aber kaum das Bedürfnis zu lieben. Da sie geachtet werden wollen, aber nicht ohne weiteres die Achtung, die sie beanspruchen, auch anderen zubilligen.

Aus den Enttäuschungen wächst bei den Männern in den Wechseljahren genau wie bei den Frauen die Abwehr, und diese Abwehr äußert sich männlich in einer nicht mehr zu zähmenden Arbeitswut oder in einem unüberwindlichen Einsamkeitsbedürfnis.

Es pflegt für kurze Zeit eine nahezu völlige Geschlechtslosigkeit des Mannes zu folgen, aus der sich dann bei einem natürlich geführten Leben die neue Stellung zum Geschlechtlichen und zur Frau ergeben müßte. Leider aber kommen die meisten Männer nicht zu der neuen Stellung, die die eigentliche Überwindung der Wechseljahre mit sich bringen würde.

Nach einer gewissen Pause nehmen sie vielmehr ihr früheres Geschlechtsleben wieder auf. Viele haben sogar das Gefühl, sie müßten nachholen, was sie vermeintlich versäumt haben.

Sie müßten jetzt das bekommen, was sie noch nicht hatten. Sie versuchen, zu neuen geschlechtlichen Abenteuern aufzubrechen. In diesem Augenblick aber spielt ihnen ihre Natur, die klüger ist als sie selbst, einen Streich. Plötzlich ist der Mann nicht mehr liebesfähig, ist er impotent.

Diese Erscheinung, die entweder verschwiegen wird oder zu weitschweifigen Klagen Anlaß gibt, muß genauso ernst und sachlich betrachtet werden wie die Übergangsschwierigkeiten der Frau. Sie bedeutet genau das gleiche: Der Mann in der Mitte seiner Jahre, der reife Mann, soll nicht aufhören, ein ganzer Mann zu sein, sondern er soll beginnen, ganz zu sein. Das Sexuelle soll in das Leben eingeordnet werden. Alle Kräfte, die seelischen, die geistigen und die körperlichen, sollen in jeder Handlung, bei jedem Akt des Lebens mitspielen.

Wenn der Mann in den Wechseljahren, in der Krise der Lebensmitte sich auf sich selbst besinnt, wenn er ein wenig aus dem Kreise, den er sich geschaffen hatte, hinausgeht, dann wird er sehr schnell zu sich zurückkommen. Er wird dann sein bisheriges Leben kritisch betrachten und wird erkennen, wie maßlos er immer war. Daß er immer nur das eine tat, um alles andere zu lassen. Daß er immer orthodox war, immer mit Scheuklappen lebte, in der Liebe, im Beruf, im Erfolg. Er wird erkennen, wie sehr ein solches Leben alle Kräfte, die überbeanspruchten und die nie beanspruchten, letztlich wirkungslos läßt. Und er wird schließlich erkennen, wie es auch die Frau erkennen sollte, daß das Nachlassen der sexuellen Kräfte nichts anderes ist als eine deutliche Aufklärung des Schicksals über den ganzen Kräftebestand des männlichen Lebens.

Das Nachlassen der sexuellen Kräfte des Mannes weist darauf hin, daß auch die anderen mißbrauchten Kräfte nachlassen und daß die nie gerufenen, nie geübten und benutzten Kräfte endgültig verkümmern. Wir sehen die Menschen der Lebensmitte, die uns begegnen, in immer der gleichen Haltung im Leben stehen und dem Leben gegenüberstehen. Ihre Haltung ist gedrückt, gebückt, eingesunken, kraftlos, die Haltung des Melancholikers. Melancholie – so kann man sagen – ist die Grundhaltung des Menschen, der die Kräfte, die er einsetzt, überbeansprucht und einen großen Teil seiner Kräfte ungenutzt vermodern läßt.

Ist es damit klar, warum die meisten Männer Melancholiker sind, warum die Ausnahmemänner keine Melancholiker sind und warum jeder Mann die Melancholie der Lebensmitte überwinden kann?

Zusammengefaßt und wiederholt: Die Wechseljahre des Mannes und der Frau sind augenfällige Erscheinungsformen eines totalen Übergangs. Sie mahnen zur Wende. Alles im Leben des Menschen soll sich um die Mitte des Lebens wenden. Ein großer Aufbruch hebt an. Man soll ihn gewähren lassen und mit aufbrechen.

Das ist der Sinn. Wie wir diesem Sinn am ehesten nachkommen, wie wir ihm dienen, wie wir es erreichen, daß aus der Krise die Größe des Lebens, aus der Krankheit die vollkommene Gesundheit, aus dem scheinbaren Ende der Kräfte die Wiedergeburt aller Kräfte kommt, das soll dann beschrieben werden. Aber zunächst ein paar praktische Folgerungen aus unseren Feststellungen!

Praktische Folgerungen

1. Der Mensch, der sich in der Mitte der dreißiger Jahre oder im Anfang der vierziger plötzlich und »grundlos« ermüden fühlt, soll eine sexuelle Pause eintreten lassen, eine Zeit der Askese, die wenigstens drei Monate, besser aber ein ganzes Jahr vollkommen durchgeführt wird. In dieser Zeit der Askese, die nur im Anfang schwer ist, wird er erkennen, wie sehr seine feineren Sinne vergröbert, seine Einsichten verflacht, sein Ge-

schmack für die zarten Lebensdinge verstumpft wurden durch das allzu leichte Antworten auf sexuelle Anreize. Er wird erkennen, daß viele Kräfte in ihm sind, die sich nicht entwickeln konnten, weil die Sexualkraft zu viel Lebenskraft verbrauchte.

2. Askese, die nur im Lassen besteht, ist ungenügend. Zu jedem Verzicht muß die Eroberung des Neuen treten. Der Wortsinn weist uns den Weg. Askeo heißt: ich übe mich. Für diese Zeit wichtige Übungen sind: Atemübungen, Vibrationen, Massagen; Schnelligkeitsübungen: Lauf, Sprung, Schwimmen! Viel frische Luft.

3. Gedankenübungen müssen hinzutreten. Der Geist, meist einseitig geführt, verlangt neue Anregungen. Philosophie und Mathematik sind ausgezeichnete Übungsfächer, Anatomie und Physiologie, nicht dilettantisch, sondern wissenschaftlich betrieben, geben den meisten Menschen erstaunliche Einblicke, durch die das Gefühl der Leere nicht aufkommen kann.

4. Konzentrationsübungen, Meditationen und – für Gläubige – inbrünstige Gebete bekämpfen die in diesen Jahren häufig auftretende Gedankenflucht und Seelenflucht. Eine Viertelstunde am Morgen die Gedanken auf einen einzigen wichtigen Gegenstand richten, gibt dem Tag und schließlich dem Leben seine Richtung.

5. Leichte Ernährung, leichtes Fasten erleichtern fast alle Umstellungen!

Die Krise der Lebensmitte im Leben bedeutender Menschen

> Wir brauchen nicht so fort zu leben,
> wie wir gestern gelebt haben. Macht euch
> nur von der Anschauung los, und tausend
> Möglichkeiten laden euch zu neuem Leben ein.
>
> CHRISTIAN MORGENSTERN

Das doppelte Ziel des Lebens

In seiner schönen Schrift »Über den Tod« spricht der Tübinger Chirurg Georg Perthes über die maximale Lebensdauer der Geschöpfe. Er stellt fest, daß die Lebensdauer von der Schöpfung in der Weise festgesetzt und begrenzt wurde, daß die Erhaltung der Art durch den Tod des Einzelwesens nicht berührt wird. Deshalb können primitive Tiere, deren Junge selbst ihren Weg finden, sofort nach der Zeugung oder Geburt der nächsten Generation sterben. Bei höheren Tieren muß das Elternpaar noch die Brutpflege und die Aufzucht der Jungen übernehmen. Ihre Lebensdauer ist deshalb größer als die Lebensdauer der primitiven Tiere.

Es geht, wie wir sahen, nicht an, von Tieren abgeleitete Gesetze ohne weiteres auf den Menschen zu übertragen. Aber man kann doch sagen, daß der Mensch, soweit er nur ein Naturwesen ist, nur ein Mitglied der Spezies homo sapiens, nur ein Glied in der Erbkette der Art, von diesen Gesetzen auch berührt wird.

Eines der beiden großen Ziele des Menschenlebens ist die Erhaltung der Art. Zu diesem Ziele gehört es, daß heutige Eltern innerhalb des außerordentlich verwickelten sozialen Organismus ihren Kindern die nötige »Brutpfege«, die nötige »Aufzucht« angedeihen lassen. Zur Erhaltung der Art ist es heute nicht nur nötig, daß Kinder gezeugt und geboren werden. Es ist auch nötig, daß sie durch geeignete Erziehung fähig gemacht werden, sich eine Stellung im sozialen Gefüge zu erobern.

Es ließe sich deshalb aus der Entwicklung des sozialen Aufbaues der Welt ableiten, daß die Eltern heute länger leben müssen als früher, weil es länger dauert, bis die Kinder sich ihr Brot selber verdienen, ihre Nahrung selber finden. Man kann danach das Gesetz aufstellen: Je komplizierter die soziale Ordnung, um so älter werden die Eltern. Bei primitiven Völkern sterben die Eltern früher als bei hochzivilisierten. Die Pflicht, für die Kinder am Leben zu bleiben, ist vielen unserer Eltern ganz selbstverständlich. Sie fühlen sich für ihre Kinder so verantwortlich, daß sie erst in dem Augenblick die Augen zumachen, in dem ihre Kinder sich in der materiellen Welt durchgesetzt haben. Die maximale Lebensdauer der Menschen, die nur für die folgende Generation, die also nur als Artwesen leben, richtet sich nach der Lebensform der Nachkommen.

Neben diesem natürlichen Ziel der Arterhaltung aber gab es von jeher und wird es immer geben das Ziel der Menschenentwicklung. Der Mensch hat nicht nur die Aufgabe, sich fortzupflanzen und dadurch die Erhaltung der Menschenart zu ermöglichen, sondern er hat auch die Aufgabe, sich zu entwickeln und durch seine Entwicklung die Entwicklung der Spezies Mensch zu fördern.

Das bedeutet nicht etwa, daß hier die individuelle Aufgabe neben der kollektiven Aufgabe, die egoistische nach der altruistischen auftaucht, sondern es ist jedem Menschen mit seinem Leben auch die zweite menschliche Aufgabe gestellt, der niemand ausweichen sollte.

Der Mensch, der Kinder gezeugt oder geboren hat, der Kinder betreut, ernährt, erzieht, hat, wenn er das gut macht, sicherlich eine ihm gestellte Aufgabe gelöst. Deshalb wird er aber doch nicht von der anderen Aufgabe freigesprochen, sich selbst in die Welt hineinzustellen mit allen seinen Kräften und Möglichkeiten.

Die alte Sage von der zweiten Geburt oder der Wiedergeburt des Menschen ist unter anderem auch das Symbol für die zweite Aufgabe. Sie will darstellen, daß der Mensch sich selbst aus dem Zustand des halben Lebens, in dem er sich »von selbst«, das heißt von Natur aus zu befinden pflegt, aus einem Zustand der angefangenen und abgebrochenen Entwicklung herausholen soll.

Jedem Menschen ist eingeboren die zweite Gestalt, und das ist seine vollkommene Gestalt. Das zweite Gesicht, und das ist das umfassende Gesicht. Jedem Menschen ist eingeboren die Einsicht in die Gesetze des Lebens und die Möglichkeit, auf den Adlerfittichen dieser Lebensgesetze sich in das eigentliche Leben hinaufzuschwingen.

Nach der Schöpfung des nächsten Geschlechts kommt die Aufgabe der Schaffung des eigenen, nächsten Lebens. Die Schöpfung der eigenen zweiten Existenz, die nichts anderes bedeutet als die Entfesselung der bisher gefesselten Kräfte, die Erweckung der bisher schlummernden.

Nach der Entwicklung der Art kommt die Entwicklung des Individuums, die schließlich in gleicher Weise der Art zustatten kommt wie die Erzeugung der nächsten Generation. Während die Jahre von zwanzig bis vierzig, die Venusjahre, der Eroberung der materiellen Welt gewidmet sind, der Aufgabe der Erzeugung der nächsten Generation, sind die Jahre nach vierzig gewidmet der Schöpfung des tiefer liegenden Lebens, der Herausarbeitung des menschlichen Antlitzes, der zur Nachahmung aneifernden menschlichen Gestalt, der vielseitigen Existenz, die leuchtturmartig nach allen Seiten scheint.

Wenn die maximale Lebensdauer sich nach den Aufgaben richtet, die der Mensch zu erfüllen hat, so kann man jetzt das Problem von einer neuen Seite sehen: Wer nur die Aufgabe der Arterhaltung in sich fühlt, wer nichts anderes erzielen will als die nächste Generation, die wiederum nur die nächste Generation erzeugen kann, die wiederum die übernächste zur Welt bringen wird – unveränderte, nach gleichen Gesetzen, in gleichen Nöten, Schwierigkeiten und Unvollkommenheiten lebende Generationen vorausgesetzt –, der wird nach Erfüllung der Zeugungs- oder Gebäraufgabe, der Erziehungs- und Ernähraufgabe um die Vierzig herum zu altern beginnen. Er wird nicht, wie man behauptet, mit seinen Kindern jung bleiben, sondern er wird schnell mit ihrem Heranwachsen, mit ihrem In-die-Welt-Hineingehen aus der Welt abwandern. Er wird von der kommenden Generation, noch während er an ihr seine Aufgabe erfüllt, rechtens ins Dunkle gedrängt. (Und es ist dann einerlei, ob er stirbt oder »am Leben« bleibt. Im Leben bleibt er jedenfalls nicht.) Der Mensch aber, der nun seine zweite Aufgabe angeht, die Aufgabe der Vervollkommnung des menschlichen Typus überhaupt, die Aufgabe des Vorbildhaften, des allseitigen Lebens, dessen Altern kann nicht um die Vierzig anbrechen, sondern er muß länger in der vollen Lebenssonne marschieren.

Die Lebenssonne, die der Mensch in den reifen Jahren braucht, ist nicht die Sonne, die von außen scheint, die Sonne des Erfolges, des Ruhmes, der Venusliebe, des Reichtums, der Macht. Es ist die innere Sonne der Harmonie aller Kräfte, der Objektivität, des Schauens und Tuns. Es ist die Sonne der Liebe zu aller Kreatur in ihren naturgemäßen Gebrechen. Und in ihren von Gott verliehenen Möglichkeiten.

Das Schwabenalter

Die Wende um die Vierzig, die große Lebenskrise, konnte in der Form, in der sie sich heute darbietet, früher nicht empfunden werden, weil es früher etwas anderes bedeutete, vierzig Jahre zu sein, als es heute sagen will. Aber natürlich war auch früher der Aufruf zu einer zweiten Lebensaufgabe, zu einem Neubeginn, zu einem neuen Leben in den Menschen lebendig.

Von jeher ist die Zeit um die Vierzig als wichtig empfunden worden.

Wenn man in Schwaben sagt, daß die Menschen eigentlich mit vierzig erst klug werden, so wollte man damit nicht behaupten, daß die Schwaben dümmer sind als andere Menschen oder später reifen. Sondern man hat in Schwaben das richtige Gefühl gehabt, daß der Mensch bis zu seinem vierzigsten Jahr zu sehr von den Aufgaben der materiellen Außenwelt befangen und gefangen ist, um noch etwas für die Erfassung seiner Innenwelt und damit auch für seinen Verstand zu tun.

Der Mensch wird erst mit vierzig Jahren klug: das heißt, er beginnt erst mit vierzig Jahren zu sich zu kommen, etwas für sich zu tun, sich anzupacken, sich durchzuformen.

Das Schwabenalter ist nichts anderes als der Beginn des zweiten Lebens, als das Leben nach der Lebenswende.

Bedeutende Menschen in der Krise der Lebensmitte

Die Krise der Lebenswende liegt zwischen dem siebenunddreißigsten und zweiundvierzigsten Jahr, kann aber zuweilen früher, etwa beim fünfunddreißigsten schon einsetzen und dauert oft bis zum fünfundvierzigsten Jahr und manchmal bis ins sechste Jahrzehnt hinein*. Sie zeichnet sich besonders deutlich im Leben bedeutender Menschen ab. Sehr viele bedeutende Menschen sind ihr erlegen. Sie konnten, meiner Deutung nach, den Wechsel in der Lebensform, der von ihnen verlangt wurde, nicht mehr durchführen, teils weil sie am Ende ihrer Kraft waren, teils weil sie ihren alten Lebensformen zu sehr verhaftet blieben.

* Anm. 1957: Durch die Verschiebung der Lebensalter beginnt die Krise bei vielen Menschen erst um die fünfzig, und manche werden sogar erst mit fünfundfünfzig oder sechzig von ihr erfaßt.

Die Krankheiten haben in der Zeit der Lebenswende ein leichtes Spiel mit den Menschen. Die Abwehrkräfte des Lebens, der Mut zum Widerstand, die Kampflust sind geschwächt. Die Melancholie schiebt ihre Schattenflügel vor die Lebenssonne und macht den Tod leicht und erwünscht.

Besonders leicht starben und sterben in der Lebenswende die Lungenkranken und die der Venus sehr ergebenen Menschen. So stirbt Chopin, neununddreißig Jahre alt, an der Tuberkulose. Mit achtunddreißig erliegt Jens Peter Jacobsen, der Verfasser von »Niels Lyhne«, derselben Krankheit. Mit fünfunddreißig erkrankte der Dichter Leuthold. Mit neununddreißig Jahren hat die Krankheit seine Produktionskraft vollkommen besiegt. Er stirbt allerdings erst zehn Jahre später. Mit neununddreißig Jahren wird der Dichter Leopardi, mit sechsundvierzig der Dichter Gottfried August Bürger ein Opfer derselben Krankheit. Chamisso erkrankte mit vierzig Jahren, 1831, nach einer Grippe an Tuberkulose. Sieben Jahre später stirbt er.

An den Krankheiten der Venus ging Maupassant zugrunde. Dreiundvierzig Jahre alt, verfiel er in der Neujahrsnacht 1892 in Raserei und starb bald danach. Alfred Rethel, der Maler, wurde mit neununddreißig Jahren melancholisch. Mit vierundvierzig starb er. Der Komponist Hugo Wolf verfiel mit achtunddreißig Jahren einer wahrscheinlich paralytischen Geisteskrankheit.

Überhaupt spielen die Geisteskrankheiten eine große Rolle in der Lebenswende. Van Gogh kam mit sechsunddreißig Jahren ins Irrenhaus und starb ein Jahr danach. Karl Blechen, der große Maler aus dem Anfang des 19. Jahrhunderts, wurde mit siebenunddreißig Jahren Professor an der Berliner Akademie. Er war, als er diesen Erfolg errang, schon gemütskrank und starb 1840, zweiundvierzig Jahre alt. Seine Krankheit hat genau die ganze Spanne der Lebenswende überdauert. Robert Schumann erkrankte mit dreiundvierzig Jahren an solchen Depressionen, daß er seine Stellung als Städtischer Musikdirektor aufgeben mußte. Mit vierundvierzig Jahren versuchte er, sich im Rhein zu ertränken. Er kam in eine Heilanstalt, in der er seinem zwei Jahre später erfolgenden Tode entgegendämmerte. Mit vierzig Jahren starb Edgar Allan Poe am Delirium tremens.

Obwohl er an einer Krankheit starb, ist Oscar Wilde doch an Schwermut zugrunde gegangen. Die Lebenswende spielt bei ihm eine verhängnisvolle Rolle. Neununddreißig Jahre ist er alt, als er in einen Skandalprozeß verwickelt wird. Anderthalb Jahre sitzt er im Gefängnis. Er kann sich von diesem Absturz nicht mehr erholen. Die Versuche, ein neues Leben zu beginnen, scheitern. Mit vierundvierzig Jahren stirbt er in Paris. »Sein Gesicht sah schwammig aus, seine Augen blickten erloschen, und seine Sprache war abgehackt*.«

Auch am Leben und Sterben Gogols wird die Gefährlichkeit der Lebenswende für bedeutende Menschen deutlich. Gogol, der 1809 geboren ist, begann mit etwa siebenunddreißig Jahren sich so intensiv mit religiösen Fragen zu befassen, daß er einer Art Schwermut verfiel. Er verlor alle Verbindungen mit seinem bisherigen Leben. 1848 unternahm er eine Wallfahrt nach Jerusalem. Er vernichtete in dieser und der folgenden Zeit immer wieder die neu entstandenen Kapitel seiner »Toten Seelen«.

Im Februar 1852, einundvierzig Jahre alt also, verbrannte er alles, was er geschrieben hatte. Die einen behaupten, er habe sich damals zu Tode gefastet. Die anderen berichten, er habe im dumpfen Hinbrüten seine Tage verbracht. Tatsache ist, daß er wenige Tage nach dem Mord an seinem Werk gestorben ist.

Mit siebenunddreißig Jahren starb Raffael, ebenso alt war der Götterliebling Byron, als er starb. Gleichfalls siebenund-

* Diese und eine ganze Anzahl anderer Angaben dieses und des folgenden Abschnittes stammen aus dem Buch: Adolf Braun: »Krankheit und Tod im Schicksal bedeutender Menschen.« Ferdinand Encke Verlag, Stuttgart. Ein Buch, auf das wegen seines ausgezeichneten Materials besonders hingewiesen sei, obwohl es das Material nur zu sammeln und nicht zu werten weiß.

dreißig war Bizet, dreiundvierzig war Reger, zweiundvierzig Mussorgskij. Die drei Musiker starben an verschiedenen Krankheiten. Aber sie glichen sich in einem: sie haben alle drei sehr gern gegessen und getrunken.

Die Wende durch die Lebenskrise im Leben bedeutender Menschen

Clemens Brentano, der größte deutsche Lyriker, wurde mit achtunddreißig Jahren nach einem schwankenden Leben endlich von der großen Lebenskrise erfaßt. 1817 fand er den Weg in die katholische Kirche. Er legte die Generalbeichte ab, und im nächsten Jahre, vierzig Jahre alt also, begegnete er der Nonne Katharina Emmerich in Dülmen. Er änderte sein Leben radikal, verkaufte seine Bücher und Sammlungen, trennte sich von seinen Freunden. Er saß von 1818 bis 1824, von seinem vierzigsten bis sechsundvierzigsten Jahr, bei der ekstatischen Nonne und zeichnete ihre Mitteilungen auf. »Alles Genie«, so schrieb er an Görres, »alle Kunst und Wissenschaft wird jämmerlich und geckig im Alter, denn ihre Aufgabe bleibt endlich. Selbst Goethe nimmt ein lahmes Erde.« 1824 stirbt die Emmerich. Aber Brentano führt noch achtzehn Jahre lang in vielen frommen Versuchen sein Leben weiter. Er hat nicht mehr viel Bedeutungsvolles geschrieben, aber 1838 erscheinen doch noch einige seiner besten Märchen. Wenn auch Brentanos ganzem Charakter gemäß die vollkommene Verleugnung seines früheren Lebens, der Bruch mit seiner Vergangenheit, die Absage an die Kunst, ein wenig theatralisch blieb, so gelang es ihm doch, nach dem großen Zusammenbruch der Lebenswende ein einigermaßen beständiges Leben aufzubauen und aufrechtzuerhalten.

Für den 1791 geborenen, stark depressiven Grillparzer sind die Jahre 1832 und 1833, sein einundvierzigstes und zweiundvierzigstes Jahr also, die schlimmsten seines Lebens. »Die Tinte trocknet bei ihm ein, so selten kommt er zur Benutzung des Schreibgerätes. Resigniert bewirbt er sich um die Stelle eines Archivdirektors, um in der größeren dienstlichen Inanspruchnahme ein Gegengewicht gegen den Schmerz der Unproduktivität, eine Selbstentschuldigung zu finden.« (Braun.)

Im Leben Goethes liegt die große Lebenswende besonders deutlich in der Vierzigjahrkrise, die bei ihm etwas früher, 1786, ausbrach, als er, siebenunddreißigjährig, nach Italien ging. Die Krise dauerte mit großer Heftigkeit während des ganzen italienischen Aufenthalts bis zu seinem neununddreißigsten Jahre. Man weiß, was diese Jahre der Verzweiflung, der Abkehr vom Hofe, der Abwendung von Frau von Stein, der Hinwendung zum Klassizismus bedeuten.

1788, neununddreißig Jahre alt, verband sich Goethe mit Christiane. Und noch ein Bruch mit seiner Vergangenheit oder vielmehr eine Zusammenfassung des bisherigen Lebens: 1787 bis 1790 gab er bei Göschen seine ersten gesammelten Werke heraus und zeigte damit, daß er sich an einem Abschnitt, wenn nicht an einem Ende fühlte. Innerhalb der gesammelten Werke erschien auch 1790 der größte Entwurf seiner Jugend: das Fragment »Faust«, weil Goethe an der Möglichkeit verzweifelte, jemals dieses Jugendwerk vollenden zu können. Im selben Jahre schrieb er die Metamorphose der Pflanzen. 1791/92 die Beiträge zur Optik. Mit diesen beiden Werken ging er über die bisherigen Grenzen seiner Tätigkeit hinaus. Er erweiterte sein Leben bestimmend. Um die Vierzig begann also sein umfassendes, sein nach allen Seiten wachsendes und zielweisendes Leben.

Eine ganze Reihe bedeutender Menschen wachsen erst um die Lebenswende herum in ihre eigenen Wirkungsmöglichkeiten hinein. Joseph Conrad, der polnisch-englische Romancier, schreibt seinen ersten Roman mit neununddreißig. Ebenso alt ist Liliencron, als seine ersten Gedichte erscheinen. C. F. Meyer hatte schon eine schwere Nervenkrankheit hinter sich, als er aus einem völligen Einsiedlerleben heraus um die Mitte seiner dreißiger Jahre zu dichten anfing. 1871, als er sechsundvierzig Jahre alt war, erschien die Dichtung »Huttens letzte Tage«, mit der er eigentlich erst zum Dichter wurde. Übrigens produzierte er dann bis zu seinem siebenundsechzigsten Jahre schnell und gut.

Mit neununddreißig Jahren ließ sich Mörike pensionieren, und zwar, wie er behauptete, wegen ständiger Kränklichkeit. In Wirklichkeit fühlte er sich in seiner zweiten Lebenshälfte nicht fähig, irgendeinen Beruf auszuüben. Eine Zeitlang unterrichtete er an einer Mädchenschule, eine Stunde wöchentlich. Aber auch das war ihm zuviel. Er fühlte sich nur wohl, wenn er »gelebt wurde«. Er war den Verdrießlichkeiten und der Hypochondrie ausgesetzt. Was ihm nicht von selbst gelang, gelang ihm nie. Aber es gelang ihm eben vieles. Jeremias Gotthelf schrieb sein erstes Buch, den Bauernspiegel, mit neununddreißig Jahren. Sein Meisterwerk, »Uli, der Knecht«, entstand, als er dreiundvierzig war. Er kam zu diesen Werken erst, nachdem er mit fünfunddreißig Pfarrer geworden war und als solcher langsam in die religiösen und pädagogischen Kämpfe seines Kantons verwickelt wurde, im Laufe einer schweren, inneren Auseinandersetzung. Meine Deutung: Nach der Lebenswende genügten ihm der bisherige Wirkungskreis und die bisherige Ausdrucksform nicht mehr, und er erobert sich eine neue Ausdrucksform, erweitert dadurch sein Leben um die entscheidende Lebensleistung.

Im Leben Henrik Ibsens spielt unsere vierziger Grenze gleichfalls eine große Rolle. Ibsen schrieb mit achtunddreißig Jahren den »Brand«, mit neununddreißig Jahren den »Peer Gynt«, die Auseinandersetzungen mit seiner bisherigen Weltanschauung. 1869, einundvierzig Jahre alt, wandte er sich vom Ideendrama zum zeitgenössischen Drama und begann damit das Werk, das ihn bekannt gemacht hat.

Strindberg schrieb mit siebenunddreißig und achtunddreißig Jahren seine Selbstbiographie »Der Sohn einer Magd«, mit neununddreißig Jahren die »Beichte eines Toren«. Die Selbstbiographie ist in diesem Fall eine Selbstbesinnung und der Versuch, über seinen eigenen Schatten zu springen. Die Befreiung Strindbergs konnte aus vielen Gründen nicht erfolgen. Aber wenigstens gelang es ihm, zu seinen wesentlichen Dramen zu kommen. In »Fräulein Julie« fand er 1888 den Durchbruch zu seiner besonderen Begabung.

Fontane ging mit sechsunddreißig Jahren als Journalist nach London. Er hatte von seiner dichterischen Berufung sehr unklare Vorstellungen. 1858, mit neununddreißig Jahren, heiratete er, mit vierzig Jahren kehrte er, immer noch unsicher über seine eigentliche Aufgabe, aus London zurück und veröffentlichte seine ersten Balladen mit zweiundvierzig Jahren. Sie sind der erste Durchbruch zum Dichterischen. Es dauerte noch fast zwanzig Jahre, bis er endlich die dichterische Form fand, die ihm gemäß war.

Zwei Beispiele von religiösen Menschen: Ulrich Zwingli hatte mit neununddreißig Jahren die sein Leben bestimmenden Züricher Diskussionen. Auch bei Luther spielt die Lebenswende eine große Rolle. 1521 und 1522, mit achtunddreißig und neununddreißig Jahren, übersetzte er die Bibel, nachdem er das Jahr zuvor die entscheidenden Schriften »An den Christlichen Adel deutscher Nation« und »Von der Freiheit eines Christenmenschen« veröffentlicht hatte. Mit zweiundvierzig Jahren machte er noch einen wichtigen Schritt und Schnitt in seinem Leben: er heiratete.

Noch ein paar Menschen, die um vierzig erst, nach mannigfaltigen Kämpfen, zu ihrem eigentlichen Wirken kommen: Brahms schrieb seine erste Symphonie mit dreiundvierzig Jahren. Mit zweiundvierzig Jahren konstruierte Mitterhofer die erste Schreibmaschine, die er im Prinzip schon als Junge erdacht hatte. Arkwright gelang es in harter Arbeit zwischen seinem siebenunddreißigsten und neununddreißigsten Jahr, die Hargreavsche Spinnmaschine so umzugestalten, daß sie wirklich brauchbar wurde. Edmund Cartwright war eigentlich Geistlicher. Als er neununddreißig Jahre alt war, wurde er (1784) von Bekannten darauf aufmerksam gemacht, daß die Arkwrightsche Spinnmaschine wenig nütze sei ohne eine Webmaschine, die sie ergänzt, das heißt ihre Produkte verarbeitet. Cartwright meinte, daß man dann eben eine solche Maschine erfinden müßte. Er, der Geistliche, versuchte drei Jahre lang unter den größten Schwierigkeiten die Konstruktion, dann hatte er, 1786, die Maschine erfunden. Er war, als er sie fertig hatte, zweiundvierzig Jahre alt. Viel hat er übrigens nicht von seiner Erfindung gehabt, denn er war wirtschaftlich unbeholfen und blieb es.

Noch zwei Erfinder: Goodyear entdeckt mit neununddreißig Jahren nach verzweifelten Versuchen das Vulkanisieren des Kautschuks. Nobel hatte das Dynamit mit dreiunddreißig Jahren nach vielen Experimenten durch einen Zufall gefunden. Aber bis er sich durchgesetzt hatte, war er vierzig, und bis er das Sprenggelatin, das für ihn noch wichtiger war als das Dynamit, fand, war er zweiundvierzig Jahre.

Albert Schweitzer, einer der wesentlichen religiösen Menschen unserer Zeit, hat wohl aus seiner religio seine ganze Lebensführung einem inneren architektonischen Lebensgefühl unterstellt. Schweitzer hatte von vornherein beschlossen, bis zum dreißigsten Jahr der Wissenschaft (Religionswissenschaft) und der Kunst (Orgelbau und Orgelspiel) zu leben und von da ab dem Menschlichen zu dienen.

1905, mit dreißig Jahren, faßte er den Plan, nach Afrika zu gehen. Es folgten acht Jahre der schwersten Arbeit gleichzeitig auf drei Gebieten. Vorbildlich bereitete Schweitzer, während er die Existenz des berühmten Bachspielers und Orgelbauers, des Theologen und Stiftsdirektors weiterführte, seine neue Existenz vor.

In seiner Selbstbiographie »Aus meinem Leben und Denken« beschreibt Schweitzer ausführlich den gigantischen Kampf, den er führen mußte gegen Übermüdung, Überanstrengung und vor allem gegen die guten Freunde seines bisherigen Lebens, die es nicht begreifen wollten, daß jemand, der in zwei Berufen genug Erfolg hatte, um innerlich und äußerlich davon zu leben, dennoch diesen Berufen nicht treu blieb, sondern sich in einem dritten Beruf »zersplitterte«. Daß er sich zu einem Abenteuer drängte, zu dem ihn niemand berufen hatte.

Schweitzer ließ sich nicht beirren. Er beendete sein medizinisches Studium und beendete gleichzeitig den Kampf gegen die Missionsgesellschaften, die ihn keineswegs mit offenen Armen empfingen, gegen die er sich vielmehr nur sehr schwer durchsetzen konnte. 1913, achtunddreißig Jahre alt, schiffte er sich dann nach Afrika ein und begann den zweiten Teil seines Lebens.

Was dieser zweite Teil, was das neue Leben nach der Lebenswende eigentlich von ihm wollte und verlangte, war damals durchaus noch nicht klar. Erst als seine Arbeit als Arzt in der afrikanischen Wildnis unterbrochen, als Schweitzer interniert wurde, kam es aus dem Erlebnis des menschlichen Dienens und aus der Verhinderung dieses Dienens durch eine »fortschrittsfeindliche Realpolitik, die zum Krieg geführt hat«, zum endgültigen Durchbruch. In der Einsamkeit des Gefangenenlagers kann Schweitzer endlich seine Gedanken zu seiner wichtigen Kulturphilosophie zusammenfassen.

Das Leben Schweitzers wird von da ab von den drei großen Arbeitsgebieten seines Lebens beherrscht: von der Kulturphilosophie und religiösen Ethik, von der Musik und von der dienenden Tat. Keins der Gebiete stört das andere. In jedem Gebiet erweitert sich das Leben. Ein solches Leben in seiner ganzen Vielfalt ist genau das, was ich ein Leben in der Reife nennen und als Vorbild hinstellen wollte.

Welches Lebensalter ist am produktivsten?

Es soll mit dieser Zusammenstellung über die Bedeutung und die Gefahren der Lebenswende in der Lebensmitte nicht gesagt werden, daß man etwa alle Gefahren hinter sich hat, sobald man die große Grenze zur Reife überschritten hat, und es soll auch nicht gesagt werden, daß die Jahre vorher keine Kämpfe kennen.

Im Leben aller großen Menschen hören die Kämpfe niemals auf. Im Leben der kleinen aber schlafen sie auch nur scheinbar ein, das heißt, sie werden nicht mehr zur Kenntnis genommen, obwohl sie da sind.

Innen im Lebensmittelpunkt, innen unter der Asche der Bequemlichkeit und der Gewöhnung, spielen sich in jeder Existenz, zu jeder Zeit unsichtbare und verbissene Kämpfe darum ab, ob man weiter leben will, und ob man sich im Weiterleben noch immer erweitern kann, wie der Lebenssinn es fordert, der immer, solange der Mensch wirklich lebendig ist, eine Erweiterung erzielen will.

Selbstverständlich also müssen Kämpfe auch vor der Lebensmitte und nach der Lebensmitte noch durchgefochten werden. Aber – und das wollte ich zunächst beweisen – in der Lebensmitte entscheidet sich vorwärts und rückwärts strahlend in fast allen Leben die Gesamtschau, unter der das Leben als Ganzes geführt und angesehen werden muß. Es entscheidet sich, ob das, was angefangen wurde, vollendet werden kann. Es entscheidet sich aber auch, ob die noch nicht erweckten Kräfte aufwachen und eingesetzt werden können. Es entscheidet sich, ob nach so vielen Versuchen, nach so vielen Niederlagen, Enttäuschungen und Vernachlässigungen doch noch ein richtiges, ein ganzes, ein totales Leben erstehen kann.

Man darf ja nicht glauben, daß etwa die Kampfjahre der Lebenswende die fruchtbarsten, die produktivsten sein müssen. Das Gegenteil ist sehr oft der Fall. Der Übergang von einer Existenz in die andere ist von so vielen Versuchen, von so viel tastendem Probieren begleitet, daß sehr häufig die entscheidenden Werke noch nicht entstehen können, daß vielmehr sehr oft eine Pause eintritt, ein Wüstenmarsch von mehreren Jahren beginnt.

Für unsere Betrachtung ist es aber doch wichtig zu wissen, welches Lebensalter am produktivsten ist, und das heißt gleichzeitig die Frage beantworten, ob sich denn die Kämpfe der Lebenswende überhaupt lohnen, ob ein wirklich produktives Leben noch erwartet werden kann.

Die allgemeine Meinung ist wohl noch die, daß die meisten Menschen um die Dreißig herum auf den Höhepunkt ihres Schaffens kommen, der etwa bis vierzig dauert. Nach vierzig kann nach allgemeiner Überzeugung nicht mehr die volle Lebendigkeit und Leidenschaftlichkeit, der Schwung, das Temperament erreicht werden, durch die Jugendwerke ausgezeichnet zu sein pflegen. Nach fünfzig, so sagt man, beginnen die Alterswerke, die wohl zuweilen weise, fast immer aber langweilig sind. Stimmt das?

Man kann zunächst sagen, daß bestimmte Leistungen selbstverständlich mit bestimmten Altern zusammenhängen. Es gibt Berufe, in denen die Jugend naturgemäß eine große Rolle spielt. Schauspieler pflegen ihren Höhepunkt sicherlich meist vor vierzig zu haben. Aber selbst in diesem Beruf findet man Gegenbeispiele genug, nach denen Schauspieler und Schauspielerinnen den Höhepunkt ihrer Wirksamkeit nach fünfzig oder nach sechzig haben. Von dem englischen Schauspieler Charles Maclean wird berichtet, daß er mit vierundachtzig den Macbeth, mit neunundachtzig den Shylock gespielt hat. Eine Adele Sandrock mußte sehr alt werden, um ihre eigentliche, unvergeßbare Gestalt zu gewinnen.

Am meisten geniale Kinder oder Jugendliche gibt es unter den Musikern. Man braucht nur an Händel und Mozart zu erinnern. Am wenigsten Jugendliche gibt es unter den Philosophen, den Reformatoren und… den Humoristen.

Große Jugendleistungen finden wir häufig unter den Dichtern. Hauff stirbt mit fünfundzwanzig und hat sehr eigentümliche, originelle Dichtungen hinterlassen. Novalis, der mit neunundzwanzig stirbt, ist der Schöpfer eines der tiefsten und wichtigsten Dichtwerke in deutscher Sprache. Als Hölderlin mit fünfunddreißig Jahren dem Wahnsinn verfiel, hatte er schon die schönsten deutschen Gedichte geschrieben. Der Mathematiker Pascal machte bereits mit achtzehn Jahren bedeutende Entdeckungen. Reger war mit siebzehn Jahren Lehrer für Musiktheorie.

Goethe schrieb den Götz mit vierundzwanzig, den Werther mit fünfundzwanzig. Der erste Entwurf zu »Faust« entstammt gleichfalls seinen sogenannten Geniejahren und ist eines der Beweismittel für die Genialität der Jugend überhaupt, leidenschaftlich und zart, himmelstürmend und revolutionär, ein in sich vollendetes Werk, trotzdem es fragmentarisch war.

Ich finde diese Werke gleichfalls vollendet. Aber ich halte nicht den ersten Teil des »Faust« für wichtiger und wesentlicher als den zweiten und den zweiten nicht für wichtiger und wesentlicher als den ersten. Beide sind vollendete Ausdrucksformen eines genialen Lebens auf zwei voneinander verschiedenen Stufen, geschrieben aus zwei voneinander grundverschiedenen Aspekten. Das gleiche ist zu sagen, wenn man den »Werther« etwa mit den »Wahlverwandtschaften«, wenn man die Jugendgedichte mit dem »Westöstlichen Diwan« vergleicht. Das Leben Goethes nach der italienischen Reise ist nicht enger, ärmer oder unfruchtbarer als das Leben vor der italienischen Reise. Es ist nur anders, es hat sich gemäß den Lebensgesetzen des einen unverwechselbaren goetheschen Lebens und gemäß den Naturgesetzen des allgemeinen Lebens entwickelt, verändert, erweitert.

Wenn wir vorurteilslos das Leben der großen Menschen anschauen, so sehen wir, wie der Lebensfunke aufflammt und wieder erlöscht und wieder entflammt wird. Wir sehen, wie immer von neuem die Kräfte eingesetzt werden. Wir sehen in allen Lebensaltern ein Auf und Ab des Lebens, auf allen Lebensstufen ein stärkeres und schwächeres Hervorbrechen der inneren Kräfte, eine vollkommenere oder unvollkommenere Lebensform. Wir sehen zwischen den Lebensaltern die großen Einschnitte und die großen Schwierigkeiten.

Uns allen zum Trost und als Beispiel möchte ich noch schnell ein paar Menschen nennen, die ihr Leben lang im Vollbesitz ihrer Produktivität waren oder die sogar erst im Alter in den Vollbesitz ihrer Kräfte gekommen sind.

Das Leben Händels ist ein großartiges Beispiel. Händel war schon mit fünf Jahren ein Meister am Spinett, komponierte mit elf, schrieb mit zwanzig seine erste Oper, die großen Erfolg hatte. Er ging – immer in großen Erfolgen – als Opernkomponist und Operndirektor nach England.

1728 tritt er in eine große Krise ein, dreiundvierzig Jahre alt. Er ruiniert sich wirtschaftlich dadurch, daß er immer wieder, trotz verschiedener Mißerfolge, in seiner Arbeit als Operndirektor und Opernkomponist verharrt. In zehn Jahren verbissener Anstrengungen macht er dreimal bankrott. Er begreift nicht, so würden wir jetzt sagen, was die Krise »von ihm will«: das Aufhören der Opernarbeit, eine Änderung, eine Hinwendung auf sein eigentliches Können. Es muß ihn erst noch ein Schlaganfall treffen. Da endlich versteht er sein Schicksal. Er wendet sich seinem größten Können zu und schreibt ein Jahr nach dem Schlaganfall, 1738, das Oratorium »Saul«. Er bleibt nun bei den Oratorien. 1742 kommt der große Durchbruch musikalisch und wirtschaftlich durch das Oratorium »Messias«. Er ist endlich mit siebenundfünfzig Jahren auf der Höhe von Ruhm, Leben und Wirken, und selbst als er zehn Jahre später erblindet, kann ihn das nicht mehr erschüttern, kann ihn das nicht einmal mehr an der Weiterarbeit hindern.

Kant schrieb seine »Gedanken von der wahren Schätzung der lebendigen Kräfte« mit dreiundzwanzig Jahren. »Die Kritik der reinen Vernunft« mit siebenundfünfzig, die »Kritik der Urteilskraft« mit sechsundsechzig Jahren.

Victor Hugo schrieb zwischen fünfundsiebzig und achtzig vier seiner bedeutendsten Werke voller Produktivität. Bekannt ist, daß Verdi in großen Intervallen und auf allen Lebensstufen seine besonderen Werke schuf. Er war schon mit neunundzwanzig berühmt. Um die Vierzig schrieb er »Rigoletto«, »Troubadour« und »La Traviata«. Dann kam die große Krise, in der er fast gar nichts schrieb. Erst mit sechsundvierzig Jahren gab er den »Maskenball« heraus, mit neunundvierzig »Die Macht des Schicksals«. Nachdem »Don Carlos« in seinem vierundfünfzigsten, »Aida« in seinem achtundfünfzigsten Jahr erschienen war, folgte zum zweitenmal das große Schweigen. Mit vierundsiebzig Jahren komponierte er dann den »Othello«, mit achtzig den »Falstaff«, zwei Meisterwerke ohne Altersspuren.

Alexander von Humboldt begann sein großes Werk »Kosmos« mit sechsundsiebzig Jahren und gab bis zu seinem mit neunzig Jahren erfolgten Tode Band für Band heraus. Mit siebzig Jahren machte er eine Expedition nach Asien (und Sven Hedin hat im gleichen Alter seine Expeditionspläne noch nicht aufgegeben).

Lamarck vollendete sein Werk »Naturgeschichte der wirbellosen Tiere« mit achtundsiebzig Jahren. Ranke begann mit achtzig seine »Weltgeschichte« zu schreiben, die er kurz vor seinem mit einundneunzig Jahren erfolgten Tode beendete.

Einer der merkwürdigsten dichterischen Spätlinge ist Theodor Fontane, der, wie erwähnt, erst um die Lebenswende herum zu dichten begann. Mit neunundfünfzig Jahren schrieb er seinen ersten Roman, »Vor dem Sturm«. Dreiundsechzig Jahre ist er, als sein erster moderner Roman, »L'Adultera«, erschien, neunundsechzig, als sein Meisterwerk »Irrungen/Wirrungen« verlegt wurde. Während dieses ganzen Durchbruchsjahrzehnts war er schwächlich, krank und deprimiert. Er schaffte noch ein weiteres Jahrzehnt. Mit achtundsiebzig Jahren schrieb er sein tiefstes Buch, »Effi Briest«, mit neunundsiebzig das weiseste, den »Stechlin«. Und das alles, nachdem er mit fünfzig von sich geschrieben hatte, daß sein ganzes Leben nichts anderes sei als ein mühevolles Behaupten auf einem Platz dritten Ranges.

Michelangelo war neunundachtzig, als er mitten aus seiner Arbeit gerissen wurde. Mit neunundneunzig Jahren schuf Tizian seine »Dornenkrönung« und die »Pietà«. Er starb im selben Jahre im Vollbesitz seiner Kräfte an der Pest.

Voltaire wurde vierundachtzig Jahre, »obwohl« er täglich achtzehn bis zwanzig Stunden arbeitete. Bismarck war bis zum fünfundsiebzigsten Jahr Ministerpräsident. Moltke war noch mit achtundachtzig Jahren Chef des Generalstabes, Gladstone mit dreiundachtzig Jahren zum letztenmal Premierminister. Masaryk trat mit vierundachtzig Jahren von seinem Posten als Präsident der Tschechoslowakei zurück. Mit vierundachtzig Jahren starb Edison, der bis zum letzten Augenblick gearbeitet hatte. Henry Ford ist über achtzig geworden und hat immer produktiv gearbeitet.

Über die notwendige Nachahmung genialer Leben

Ja, aber: Gilt denn das, was für die Ausnahmenaturen gilt, für die Reichen im Geist, für die Genies, gilt das auch für den gewöhnlichen Menschen, den Durchschnittler, der bisher in der Überlieferung sein Leben gelebt und sein Leben alternd Stück um Stück aufgegeben hat? Ist es nicht doch so, daß der Mensch, der nur über durchschnittliche Kräfte verfügt, von der Krise wie vom Teufel geholt wird? Daß ihm von der Lebenswende das Rückgrat gebrochen wird, daß ihn die Enttäuschungen, die Krankheiten, die schlechten Gewohnheiten, von denen er ja doch nicht lassen kann, langsam ins Dunkle hineinholen, ehe er jemals recht in der Sonne gestanden hat?

Das Leben der Ausnahmemenschen ist gewiß nicht ohne weiteres von jedem zu führen. Weder der Kraft nach noch der Gefährdung nach ist der Durchschnittsmensch den Ausnahmemenschen gleich. Gradmäßig unterscheidet er sich von ihnen. Er hat weniger Kräfte und ist weniger Gefahren ausgesetzt. Grundsätzlich aber unterscheidet er sich *nicht* vom Genie. Das war der Irrtum eines materialistischen, eines auf saubere, bequeme Ergebnisse erpichten Jahrhunderts, daß zwischen dem Genie und den gewöhnlichen Menschen ein Wesensunterschied bestehen müsse, ja beinahe ein Artunterschied. Man hat die Genies hinaufgelobt und die Durchschnittsmenschen hinabgeurteilt. Warum?

Einmal natürlich, um Menschen zu haben, die man verehren kann. Und leider verehrt der Mensch selten das, was ihm gleicht, was neben ihm steht.

Dann aber fürchtet der Durchschnittsmensch es sehr, mit den Anstrengungen und Aufgaben belastet zu werden, mit denen Genies und Talente nun einmal belastet sind.

Die Menschen würden viel talentierter sein, wenn sie nicht die Anstrengungen fürchteten, die mit jeder Begabung dem Menschen auferlegt werden. Ich bin davon überzeugt, daß in jedem Menschen sehr viele Talente und Begabungen stecken. In den meisten Menschen sogar glimmt wenigstens ein Funke von Genie, der ja häufig genug in überraschenden Jugendleistungen, in Kinderaussprüchen und Kindererkenntnissen aufflammt.

Ich glaube, daß diese Geniefunken viel häufiger entflammbar sind, als sie entflammen. Wir wissen, daß unendlich viele Talente der Menschen aus Mutlosigkeit, aus Schwäche, aus Mißmut, aus Verzweiflung nicht entwickelt werden.

Das Leben, so sagen viele, gab mir nicht die Möglichkeit, meine Talente zu entfalten. Ich mußte ja immer scharf arbeiten, um meinen Lebensunterhalt zu erwerben.

Das ist eine der unsinnigsten Legenden, die jemals die Köpfe verwirrt haben. Nicht an der Arbeit ist irgendein Talent erstickt, nicht an der Ungunst der Lebensumstände, sondern daran, daß man den Menschen nicht den nötigen Mut zur Talentierung, zur Genialisierung, zur Vervollkommnung mitgegeben hat und daß man ihnen sogar die Möglichkeit bestritten hat, ein vollkommenes Leben zu führen.

Das Leben genialer Menschen ist nicht anders und nicht besser als das Leben der Durchschnittsmenschen, sondern es ist nur natürlicher, gesetzmäßiger, gesetznäher geführt. Deshalb lassen sich auch im Leben der großen Menschen die

Gesetze des Lebens leichter ablesen, läßt sich leichter erkennen, wie ein Leben geführt werden muß, damit man an die Möglichkeiten, an die Kräfte dieses Lebens herankommt und sie benutzen lernt.

Vielleicht ist es nützlich, zwischen Genie und Talent zu unterscheiden. Talent, das heißt dann nichts anderes als: ich verstehe eine einzelne Kraft ihren Gesetzen gemäß aufzuschließen, einzusetzen, zur Höhe zu treiben. Genie heißt dann: ich verstehe, die Fülle von Talenten, die Fülle von Kräften, die in mir steckt, aus einem Zentralpunkt heraus zu wecken, zu ordnen, einzusetzen, zu bändigen und zu entwickeln.

Talent kann deshalb disharmonisch sein, Genie niemals. Talent kann talentierter sein in einem bestimmten Bezirk als ein Genie. Es kann aber niemals lebensfähiger sein.

Talent ist ein Begriff, der auch ohne Beziehung auf die Fruchtbarkeit und auf den Sinn des Lebens oder der einzelnen Existenz gebraucht werden kann. Es gibt eine Unzahl talentierter Musiker, Maler, Dichter, Politiker, es gibt ungeheuer begabte Kaufleute, Ingenieure, Fabrikanten und Feldherren. Sie können alle ein Leben führen, das für sie selbst und für die anderen unwesentlich, unwichtig, ja schädlich ist.

Talent ist noch nicht gleich Lebensfülle. Deshalb ist es auch falsch, wenn man sagt, daß Talente gepflegt und geschont, geachtet, geehrt und ernährt werden müssen. Daß sie sich gar erlauben können, auf Grund ihrer Begabung gegen die Gesetze der Gemeinschaft oder gegen die Gesetze der Natur zu verstoßen. Das ist dem Begabten, dem Talent noch nicht erlaubt. Dem Genie freilich kann nichts erlaubt werden und somit auch nichts verboten, weil es aus dem Ursprung heraus, aus der Origo originell handelt und lebt.

Man kann also ein Genie, das gegen die Gesetze verstößt, wohl vernichten, aber man darf nicht glauben, daß man es mit Gesetzen bändigen oder ablenken kann. Ein Genie ist so wenig zu ändern und so schwer zu beeinflussen wie die Natur. Ja, es ist die Natur selbst, die sich im Genie offenbart.

Das Genie ist der von der Schöpfung gewollte, der von Gott gemeinte Mensch.

Eine der schlimmsten Majestätsbeleidigungen der Schöpfung ist Lombrosos Ausspruch: Genie ist Wahnsinn. Genie ist – das scheint mir klar – Ursinn. Seltsamerweise aber hat sich die Vorstellung vom Wahnsinn des Genies sehr schnell in den meisten Gehirnen verbreitet. »Genial… aber verrückt«…, das ist gewöhnlich alles, was den Menschen einfällt, wenn sie über Genies sprechen.

Im genialen Menschen offenbaren sich die Möglichkeiten und Grenzen der menschlichen Natur. Was in keinem genialen Menschen zu finden ist, das ist auch nicht in der tiefsten Natur des Menschen enthalten.

Umgekehrt: Wer nicht genial ist, bleibt hinter dem zurück, was die Natur von ihm gewollt hat, was sie mit ihm erzielen wollte.

Wir alle stehen nicht auf der Höhe unserer Möglichkeiten, und im Untergrunde ahnen wir das auch. Die Genies sollen uns ermuntern, zu unseren Möglichkeiten aufzubrechen, unsere Grenzen wenigstens einmal abzutasten. Wir sollten immer wieder zur Ermutigung und Belehrung das Leben genialer Menschen studieren. Dann werden wir erkennen, daß der Mensch alle seine Talente, die ihm verliehen wurden, sich durch Arbeit erhalten muß. Je mehr Talente man hat, je mehr Begabungen herausgearbeitet werden, um so mehr muß man arbeiten, um die erreichte Höhe zu halten. Das Genie muß in harter Arbeit seinen Vorsprung vor den anderen Menschen bezahlen. Wir lernen am Wesen des Genies das Wesen der notwendigen Anstrengungen, und wie sehr jeder Mensch sich für jede ungewöhnliche Leistung anstrengen muß. Der fromme Glaube, daß dem Genie alles geschenkt wird, ist nicht klüger und nicht nützlicher als der Wahnglaube vom Wahnsinn des Genies.

Im genialen Menschen finden wir die Natur des Menschen offenbart. Alle Untersuchungen darüber, was der Mensch »eigentlich« ist, soll und kann, müssen von diesem natürlichen, diesem genialen Menschen ausgehen und nicht von den Menschen, die, wie ich es gern ausdrücken möchte, noch nicht genial sind, noch nicht die Anstrengung auf sich genommen haben, genial zu werden – von den Durchschnittsmenschen.

Vielleicht ist es gut, noch ein Mißverständnis zu beseitigen, das gewöhnlich bei jedem Gespräch über Genie auftaucht. Der Begriff »Genie« ist im allgemeinen zu sehr verknüpft mit geformter Leistung, mit Leistung, die man abmessen und vorweisen kann, mit Arbeit auf den Gebieten der Kunst, der Wissenschaft, der Politik, der Technik. Es gibt aber genauso viele geniale Leistungen im lebendigen Leben, es gibt Genies der Schönheit, der Herzlichkeit, der Mütterlichkeit, der Humanität und der allumfassenden religiösen Liebe. Es ist sogar möglich, daß wir in naher Zukunft die »Genies des lebendigen Lebens« nötiger haben werden als die formenden Genies.

Ich möchte also jeden Mann und jede Frau bitten, die Leben genialer Menschen nicht als etwas Fremdes und Unerreichbares zu betrachten, sondern als etwas, das zu jedem von uns gehört, das jedem von uns zeigt, wohin unser Leben eigentlich zielt.

Die Genies wollen wir betrachten als unsere eigentlichen Brüder und Schwestern, die uns näher stehen, die unserer Seele, unserem Kern, unserem Ursprung verwandter sind als die Menschen, die uns – leider – gleichen. In den Genies wirkt die Lebenssubstanz und ist bereit, unsere Lebenssubstanz mit zu entzünden.

Die Gefahren und die Möglichkeiten der Lebenswende im Leben genialer Menschen sollen deshalb auch nicht als »interessantes Material« zur Kenntnis genommen und zu den Akten gelegt werden. Wir sollen vielmehr lernen, daß die gleichen Gefahren und die gleichen Möglichkeiten, die den Genies verliehen worden sind, auch in unserem Leben stecken.

DIE VORBEREITUNG DER LEBENSWENDE

> Die meisten Menschen sterben, ehe sie genug Vernunft haben, um zu verstehen, wie sie leben sollen.
>
> BERNHARD SHAW

Benutze, was du hast

Erinnern wir uns noch einmal, daß die Statistik uns gezeigt hat, wie sehr unser Lebensraum sich erweiterte, wie das Gewicht des Lebens mehr und mehr auf die Menschen nach dreißig übergeht und wie die Zeit nach vierzig mehr und mehr an Wichtigkeit gewinnt.

Wir sind mit vierzig Jahren jetzt noch sehr weit vom Tode entfernt, also sehr jung. Aber wir leben leicht wie alte Leute. Unsere Körper wissen zuwenig von der neuen Zeit und altern in Nachahmung schlechter Gewohnheiten unserer Vorfahren früher, als sie altern dürften. Wir bekommen zu früh graue Haare, einen gebeugten Rücken, schlechte Zähne und eine melancholische Seele. Wir sind, wenn wir uns nicht in den Jahren nach vierzig bei voller Lebenskraft erhalten, schlechter dran, als unsere Eltern dran waren. Denn wir haben noch einen längeren Lebensweg vor uns, so daß ein frühes Versagen und Verwelken für unsere Existenz gefährlicher ist als jemals. Die Jahre, die wir dazubekommen haben, sind uns zum größten Teil von der Wissenschaft geschenkt worden. Die Kräfte aber, die wir für das Leben in den geschenkten Jahren brauchen, werden uns nicht ohne weiteres mitgeschenkt; wir müssen sie erwerben, erarbeiten.

Lichtenberg sagt einmal: »Nichts macht schneller alt als der immer vorschwebende Gedanke, daß man älter wird.«

Dieser Satz ist unschwer umzukehren: Nichts erhält besser jung als der immer vorschwebende Gedanke, daß man mit vierzig Jahren jung ist und noch mindestens ein Lebensalter vor sich hat. Diesen Gedanken gilt es in das »bewußtlos schaffende« Bewußtsein einzuprägen, damit sich der ganze Mensch bereit macht, die seelischen, geistigen und materiellen Kräfte, die er hat, auch wirklich wirken zu lassen.

Vom Bewußtsein des nahen Todes getroffen, werden die Menschen alt. Vom Bewußtsein der Todesferne erfaßt, müssen sie jung werden, aber in einem neuen Sinne jung, jung nämlich, lebensfähig und weise zugleich.

Bernard Shaw hat in »Zurück zu Methusalem« klargemacht, wie wichtig es für die kommende Weltgestalt ist, daß der Mensch in größter Leistungsfähigkeit älter und älter wird. Man muß Lebensmaterial, Lebensjahre vor sich haben, damit man das Leben in Ruhe formen kann. Das Leben war bisher zu kurz. Denn »nicht die Zahl der Jahre, die hinter uns liegt, gibt uns Sorgfalt und Verantwortungsgefühl, sondern die Zahl, die vor uns liegt. Nicht durch die Erinnerung an unsere Vergangenheit werden wir weise, sondern durch die Verantwortung für unsere Zukunft«. (Bernard Shaw.)

Nach der Erkenntnis

Erst wenn man die Gefahren der Lebenswende kennt, kann man sie auch bekämpfen. Aber allein aus der Erkenntnis heraus kann man den Kampf nicht führen. Sicherlich wissen viele, daß die Lebenswende um vierzig mindestens so bedroht ist wie die vielbeachtete und vielumsorgte Pubertät. Es wird schon vielfach anerkannt, daß jenes bespöttelte »gefährliche« Alter wirklich gefährdet ist. Wer es nicht anerkennt, der bekommt es dennoch zu spüren in Krankheit, Zweifel, Zusammenbrüchen und Umbrüchen.

Man kennt also die Gefahren, und dann lebt man weiter

wie bisher. Sehr merkwürdig. Aber die Menschen sind nun einmal geneigt, aus seelischen Warnungen, aus körperlichen Schwierigkeiten und geistigen Kämpfen so lange wie irgend möglich keine Folgerungen für ihr Leben zu ziehen.

Wenn sie erkannt haben, daß ihnen ein längeres Leben zukommt, so nehmen sie das schmunzelnd zur Kenntnis und tun weiter so wenig wie bisher. Wenn ihr Leben verlängert worden ist, ohne daß sie viel dafür getan haben, so hoffen sie auch, daß ganz von selber eine Verstärkung ihrer Kräfte, ihrer Genußfähigkeit, ihrer Arbeitsfähigkeit kommen wird, die dieser Verlängerung entspricht.

In einem einigermaßen natürlich geführten Leben könnte das auch sein. Wer das Leben in seinem ewigen Wechsel, in seiner steten Veränderung vorurteilslos nimmt, der bekommt sicherlich mit den Veränderungen, die ihm zustoßen, mit den Jahren, die er geschenkt bekommt, auch die Kräfte geschenkt, mit den Veränderungen und mit den Jahren fertig zu werden.

Für die anderen aber hebt die Überlieferung, hebt der Fehlglaube, daß es »immer schon so war und immer so sein wird« (Ben Akiba sei endgültig verflucht und verdammt), die Möglichkeiten des fruchtbaren, des produktiven Lebens in den reifen Jahren auf. Ihnen ist ins Blut geprägt die Überzeugung, daß das Leben der reifen Jahre ein in allen Möglichkeiten sich minderndes Leben sein muß.

Wir müssen langsam zu erweisen trachten, daß die Möglichkeiten des Lebens in der Reife ungeheuer sind und von allen Menschen erreicht werden können, die sich einsetzen wollen und die bereit sind, die Wendung von einem Leben zum anderen, von einer Aufgabe zur anderen, von einer Existenzform zur anderen mit allen Kräften mitzumachen.

Man muß mit aller Genauigkeit wissen, daß nichts nach der Lebenswende so bleibt, wie es war. Der Geist, die Seele, der Körper ändern sich und versuchen, die ihnen unterstellten Bereiche zu ändern.

Wenn man sie nur gewähren ließe! Wenn man sie nur nicht

zwänge, den gleichen Gang zu laufen wie in den Jahren zuvor.

Der Mensch geht um die Lebenswende auf die Suche und auf die Probe. Er versucht, zuerst dumpf und dann bewußter und bewußter, das Alte zu lassen und das Neue zu leben. Aber dann kommt die Gewohnheit, kommt das schon gelebte Leben, kommt vor allem die bisherige Umgebung mit allen Freunden und Verwandten und pfeift den Menschen in seine alte Bahn zurück.

Es nutzt alles nichts..., das ist der ewige Spruch der Rückkehrer und Enttäuschten. Es hat alles keinen Zweck. Es bleibt doch alles beim alten und schlechten. Und sie beginnen, sich gegen jede Veränderung zu stellen. Sie beginnen, gegen die Wende zu kämpfen. Sie klammern sich mit allen Sinnen an die gewohnten Gewohnheiten, an die Vergangenheit.

Dem Leben helfen ist wirklich sehr schwer. Man soll am besten damit anfangen, daß man die Kräfte der Krise oder der Lebenswende wenigstens arbeiten und gewähren läßt. Man soll lernen, sich zu ergeben. Man soll sich der Wende ergeben und sehen, wohin sie uns führt... Das ist vor allem gut für alle Menschen, die eine sehr tätige und aktive Jugend geführt haben. Aber es ist natürlich nicht genug, und für diejenigen, die auch in ihrer Jugend ganz passiv waren, die immer nur mitgeschwommen sind, ist es sogar sehr gefährlich. Man muß deshalb mit anpacken. Man muß sich dorthin steuern, wo der Lebenswirbel ins Fruchtbare hineinweht.

Dazu bedarf es genauer Vorbereitungen und sorgfältiger Selbstprüfung. Denn viele Menschen – das sahen wir – kommen in diesem Wirbel um.

Die Lebenswende vorbereiten

Die Lebenswende wirft ihre Schatten weit zurück, meist über das ganze Jahrzehnt zwischen dreißig und vierzig. Gerade im vollsten Licht des Lebens (um in der alten Terminologie zu bleiben), gerade im steilsten Anstieg wird man zuerst vom Schatten des Todes und der Krise erreicht.

Man muß, während man die Jugend zu Ende führt, bereits das nächste Lebensalter, das Alter der Reife vorbereiten.

Nun wehren sich die Menschen zwischen dreißig und vierzig mit einigem Recht gegen die Zumutung, sie sollten sich auf das Kommende vorbereiten. Sie sind vorbereitungsmüde. Sie haben einen großen Teil ihres Lebens damit hingebracht, sich auf das Leben zwischen dreißig und vierzig vorzubereiten. Sie wollen endlich Gegenwart. Sie wollen den Beruf, für den sie ausgebildet sind, ausfüllen. Sie wollen Ehe-Mann und Ehe-Frau sein, nachdem man sie jahrzehntelang auf diese Aufgaben vertröstet hat.

Zwischen dreißig und vierzig verlangen sie ihre Gegenwart und wollen nicht den Stimmen der Tiefe nachhorchen und nicht die Schatten beachten, die von den kommenden Jahren her in ihr Leben fallen.

Wer in dieser Zeit lebt, kann sich nicht denken, daß er schon etwas verloren hat, was er nie wiedergewinnen wird. Er kann sich aber auch nicht denken, daß er noch etwas bekommen wird, was er noch nicht besitzt, was er noch nicht begreift, was sich ihm erst öffnen soll und was genauso sehr eine Lebensessenz enthält wie jedes andere Zeitalter des Lebens. Es ist also verständlich, daß der Dreißigjährige nur in der Gegenwart lebt. Aber es ist nicht verständlich, daß er nur die Gegenwart anerkennt. Denn in der kurzen Gegenwart dieses Jahrzehnts läßt sich nicht alles unterbringen, was zum Leben gehört. Es lassen sich nicht alle Lebensmöglichkeiten ausschöpfen.

Später, wenn man die Krise durchsteuert hat, begreift man: Wieviel leichter wäre alles gewesen, wenn man sich vorbereitet hätte! Wenn man geahnt hätte, welche Kräfte man braucht und wieviel Kräfte man hat, die man in der höchsten Not hervorholt und die man auch hervorholen könnte, bevor die höchste Not uns beinahe zu Tode bringt!

An den genialen Menschen können wir beobachten, daß sie immer gegenwärtig und immer zukünftig zugleich gewesen sind, daß sie immer »en vedette«, auf Wache waren. In allen diesen Leben ist der Gesamtlebensplan immer durchscheinend sichtbar, ist neben dem Gegenwärtigen immer das Ziel zu sehen als eine sehr zarte Vorzeichnung, die oftmals sogar ganz zu erlöschen droht und der nachzuspüren natürlich eine große Mühe ist.

In jedem Leben gibt es diese zarte Vorzeichnung, das »Vorbild«, das man immer suchen muß. Es gibt das untrügliche Gefühl dafür, ob man diesem Vorbild gemäß oder ungemäß lebt.

Mit den Augen des Kommenden

Das Gefühl von gemäß und ungemäß ist ein biologisches Grundgefühl, ein Gefühl, das seinen Sitz in der Wurzel des Lebens hat. Es ist ein Gleichgewichtsgefühl oder besser der Wunsch nach dem inneren, nach dem ganzen Gleichgewicht. Mit jeder Lebenshandlung wird das Gleichgewicht erschüttert oder wiederhergestellt. Solange man seinem Lebensplan gemäß lebt, lebt man im Gleichgewicht und fühlt sich sicher und gut, leistungsfähig und jung. Solange man mitten in einem Lebensalter steht, ist es auch verhältnismäßig leicht, das Gleichgewicht zu halten.

Je näher das kommende Lebensalter rückt, um so leichter verschieben sich die Gewichte zwischen Gegenwart und Zukunft und die Gleichgewichte im Menschen.

Man soll niemals Gegenwart und Zukunft gegeneinander auswägen. Beides hat sein Recht in jedem Augenblick des Lebens. Man soll auch nicht ein ausgehendes und ein kommendes Lebensalter miteinander vergleichen. Jedes Alter hat sein Recht, und keines kann dem anderen Maßstab und Vorbild sein. Da aber das Lebensalter zwischen dreißig und vierzig

Vorbild für alle Lebensalter wurde, das Lebensalter, nach dem sich alle Alter ausrichteten, ergibt sich in dem Augenblick, da man dieses Alter verläßt, eine besondere Verwirrung.

Es ist klar, daß man nur ungern aus einem als vollkommen empfundenen und gewerteten Zeitalter in das minderwertige Zeitalter nach vierzig hineingeht. Es ist natürlich, daß man versucht, möglichst viel aus dem »vollen« Leben in das »leerere« zu retten. Es ist verständlich, aber es ist gefährlich. Denn wenn man die Dinge der Vergangenheit beibehält, versperren sie die Aussicht auf das Kommende.

Mit den Augen des Kommenden sieht man, daß das Leben in der Reife mindestens so wichtig ist wie alles bisher Gewesene, genauso schön, so fruchtbar und absolut nicht minderwertig. Sieht man das, so kann es doch nicht mehr schwerfallen, die Lebensvorbereitung, die man in den Jahrzehnten zuvor gern und selbstverständlich getrieben hat, auch auf die Jahrzehnte nach vierzig auszudehnen. Man ist mit vierzig noch nicht fertig. Man hat eine Form erlangt, aber nicht *die* Form.

Praktische Folgerungen

1. Wenn man weiß, daß die Lebenswende doch kommt, sollte man versuchen, sie gewissermaßen zu unterlaufen. Man soll sie überlisten. Das tut man zum Beispiel, wenn man alle sowieso nötigen oder herannahenden Änderungen des Lebens gerade in diese Zeit verlegt. Wer sich ein Haus bauen will, soll es in dieser Zeit tun. Wer von der Stadt aufs Land oder vom Land in die Stadt will, soll es jetzt beginnen. Wer seine Ehe sowieso lösen will, soll jetzt den entscheidenden Schritt wagen. Wer verspätet noch heiraten will: jetzt ist die Zeit, den Sprung in die Ehe noch zu tun. Alle diese Änderungen werden sich wohltätig auswirken, wenn sie nicht unter dem Druck der Verzweiflung beschlossen, wenn sie nicht in der Panikstimmung der Müdigkeit begonnen werden. Natürlich ist damit

nur etwas Äußeres geschehen, aber durch die äußere Bewegung kommt manchmal das Innere in Bewegung.

2. Bernard Shaw beschreibt einmal, wie ihn um die Lebenswende herum eine unerträgliche Schwäche und Müdigkeit gepackt hat. Er hat ihr nachgegeben und ist vier Wochen ins Bett gegangen, hat fast nur geschlafen, wenig gegessen und nicht gearbeitet. Nach diesen vier Wochen war er frisch. Viele Menschen, die ein Gefühl für die Grenze ihrer Leistungsfähigkeit haben, die rechtzeitig ins Bett gehen, können lange Krankheiten der Lebenswende auf diese Weise unterlaufen und die Schwächezustände überwinden. Für sehr passive, schlafgeneigte Menschen ist diese Maßnahme nicht brauchbar. Sie sollten versuchen, eine Zeitlang wenig zu schlafen oder doch wenigstens zu den verschiedensten Zeiten zu erwachen, aufzustehen und an die Arbeit zu gehen. Etwa einmal nachts um eins oder um drei, ein andermal schon vor Mitternacht, nachdem der berühmte Vormitternachtsschlaf kaum angefangen wurde.

3. Aus dem Leben fast aller religiösen Erneuerer weiß man, daß sie vor den Entscheidungen in die Wüste gegangen sind und gefastet haben. Das vierwöchige Fasten setzen noch heute die Yogis an den Anfang jeder religiösen Laufbahn. Wer mit seinem Leben absolut nicht weiter weiß, sollte das Fasten versuchen, und zwar vorsichtig und unter Leitung eines verständigen Arztes. Man beginnt das Fasten mit dem Versuch, zwei bis drei Tage streng durchzuhalten, und steigert es bis zu zehn Tagen. Hat man Fasten wissenschaftlich erprobt und erlernt, so kann man gleichzeitig noch in die Einsamkeit gehen und auf diese Weise zu einer wirklichen Auseinandersetzung mit sich selbst kommen.

4. Umfassende Übungen, die täglich wenigstens eine halbe Stunde dauern, sind in der ganzen Übergangszeit unerläßlich. Wer seine Übungen nicht so selbstverständlich macht, wie er sich rasiert oder seine Zähne putzt, hat die Notwendigkeit noch nicht erfaßt, an den »leitenden Ingenieur des Organis-

mus« (Lieck) zu kommen, an die Zentralinstanz, von der aus das Leben neu gestaltet wird.

5. In der Zeit der Lebenswende beginnen die metaphysischen Fragen den Menschen zu ergreifen. Man soll sich nicht dagegen wehren, man soll sie zu beantworten suchen. Wie die Jugend das biologische Zeitalter ist, so ist die Zeit der Reife der metaphysische Abschnitt, das Alter der religiöse Abschnitt des Lebens.

6. Ein paar Gegenüberstellungen von Wertbegriffen der Jugend und der Lebensreife mögen schlagwortartig die neuen Ziele der Lebensreife klarmachen.

Jugend	*Lebensreife*
Passiv	Aktiv
Gehorsam	Befehl
Dienst	Gestaltung
Training	Übung
Erlebnis	Leben
Zerstreuung	Konzentration
Einer Sache verfallen	Sich einer Sache bemächtigen
Orthodox	Objektiv
Dem Vorbild nacheifern	Das Eigenbild suchen

> Was ist eigentlich alt, was ist jung?
> Jung ist, wo die Zeit vorwaltet,
> alt, wo die Vergangenheit die Übermacht hat.
>
> NOVALIS, Fragmente

Überwindung der Jugend

Die meisten Menschen empfinden ihr Altwerden als Verdienst. Dabei war es früher so, daß sie alt wurden, weil sie es erbmäßig mitgekriegt hatten, und jetzt ist es so, daß sie älter werden als ihre Eltern, weil die Menschheit besser mit den unnatürlichen Krankheiten und den überflüssigen Seuchen fertig geworden ist. Einfach deshalb, weil er heute lebt, bekommt er noch zwanzig Jahre dazu geschenkt. Mit der Fülle und Größe des heutigen Lebens wächst ihm gleichzeitig die Fülle der Jahre zu, um das Leben zu erfassen und zu erleben. Ein herrliches Geschenk. Der heutige Mensch aber denkt wenig darüber nach, wie sehr er dadurch bevorzugt ist, daß er gerade heute leben darf, genau wie reiche Erben wenig darüber nachdenken, warum sie eigentlich erben, oder wenn sie einmal darüber nachdenken, so schreiben sie ihre Bevorzugung einer heimlichen Lebensgerechtigkeit zu, einer besonderen Schirmherrschaft Gottes über sie.

Es hat sich nun immer wieder gezeigt, daß es keinem Menschen guttut, wenn er etwas geschenkt bekommt. Er glaubt dann nämlich, der liebe Gott sei verpflichtet, ihm weiter und weiter zu schenken, was er zum Leben und schließlich zum Sterben nötig hat.

Gottvertrauen und Schicksalsgläubigkeit sind schöne Eigenschaften. Aber man kommt in den Lebenskrisen damit nicht aus. Mindestens muß man Gott in seinem tiefsten Willen und das Schicksal in seinem höchsten Ziel kennen, wenn man sich den »unbekannten Mächten« anvertrauen will.

Wenn uns etwa in dieser Zeit eine Krankheit packt, so müssen wir ihr auf den Grund gehen. Wir dürfen nicht glauben, daß sie ein zufälliges Malheur ist, ein Unglücksfall, den man bei der prächtigen Konstitution, die man mitgekriegt hat, wie immer schnell und ohne Schaden überwinden wird. Dieser kindliche Glaube ist zur Zeit der Lebenswende nicht mehr gerechtfertigt. Die prächtigste Konstitution hält in dieser Lebensspanne den Angriffen der Krisenkrankheiten nicht stand. Andererseits aber braucht der Mensch seinen körperlichen Schwierigkeiten nur auf den Grund zu gehen. Überraschend schnell läßt gerade in diesem Lebensalter jede Krankheit nach, wenn der Mensch ihren Anruf gehört hat und seine schlechten Gewohnheiten ablegt, die gewöhnlich der Urgrund seiner Krisenkrankheiten zu sein pflegen. Die Melancholie, die uns im übrigen Leben auch zuweilen umschattet, bedeutet in dieser Zeit mehr als eine kleine Seelenverstimmung. Sie ist eine Revolution der nicht gebrauchten Fähigkeiten, die erst aufhört, wenn man die so lange angeketteten, unausgebildeten Kräfte entbindet. Der leise Überdruß an den gewohnten Lebensumständen, am Beruf, an der Familie, an der Stadt, in der man lebt, am Dorf, in dem man wohnt, bedeutet mehr als ein erstes Abschiednehmen, bedeutet weniger als der Schatten des Todes. Er bedeutet, daß ein Zeitalter des Lebens untergeht und ein anderes Zeitalter aufgeht.

Es geht unter die jugendliche Anschauung von der Welt als einem Tummelplatz des um seine Existenz kämpfenden Menschen. Es verschwindet die jugendliche Passivität, die meint, daß »es immer so war und deshalb immer so bleiben wird« (weil man dann nämlich so bleiben kann, wie man war und sich nicht zu ändern braucht). Es verschwindet also die jugendliche Welt. Aber die Kräfte des Menschen verschwinden nicht, sondern verlagern sich nur. Wenn auf der einen Seite etwas hergegeben werden muß, so wird auf der anderen Seite etwas dazugewonnen.

Wenn wir das wissen, dann können wir uns viele Kämpfe dadurch ersparen, daß wir freiwillig und mit voller Überlegung das aufgeben, was uns doch entgleitet, was uns doch nicht mehr gehört, was sich nicht mehr für uns gehört.

Der Mensch lernt nichts schwerer als Hergeben. Deshalb behält er alles, was er hat, auch wenn er es nicht mehr gebrauchen kann. Deshalb gleichen die meisten Leben schließlich Trödlerbuden, in denen die Jahrzehnte, die Lebensalter, die Reste von früher, das Zerschlissene von gestern, das Halbverbrauchte und Halbverfaulte herumstehen.

Die Menschen geben auch das nicht her, was sie längst nicht mehr haben. Sie behalten auch das, von dem sie genau wissen, daß sie es nie mehr gebrauchen und besitzen können. Lieber verstauben sie mit den Erinnerungsstücken aus allen Lebensjahrzehnten, ehe sie sauber und klar ein klares, unbelastetes, einfaches Leben beginnen.

Aufräumen, aufräumen!

Die erste Arbeit, die der Mensch nach vierzig zu leisten hat, ist darum eine Aufräumungsarbeit. Hat man sich einmal entschlossen, das neue Leben lebendig und neu zu gestalten, so muß man das herausschaffen, was von früher her noch da ist und nicht mehr lebendig. Als erstes müssen hinaus die kindlichen Vorstellungen, die die meisten Menschen, solange sie noch jugendlich sind, von den Pflichten anderer Menschen gegen sie haben. Es ist sehr merkwürdig, daß in dieser Beziehung so viele Menschen niemals die Kinderschuhe ausziehen, niemals über ein gewisses Kindesalter hinauskommen. Sie werden, so darf man sagen, etwa sieben Jahre alt und bleiben sieben. Sie verlassen sich darauf, daß immer jemand da ist, der für sie sorgt. Besonders die Vorsorge für ihr materielles Fortkommen überlassen sie sehr gern ihren Nächsten, oder sie verlangen gar, daß der Staat ihnen zukommen läßt, was sie sich selbst nicht erwerben können.

Es ist nur zu natürlich, daß die Frauen es besonders schwer haben, aus diesen kindlichen und kindischen Gefühlen, aus dieser Siebenjährigkeit herauszuwachsen. Es gilt ja noch heute als ehrenhaft, daß eine Frau die ganze Sorge für ihr materielles Fortkommen einem Mann überläßt.

Aber wenn es an die seelische und körperliche Fürsorge geht, an das Umhegtsein, so sind die Männer nicht weniger siebenjährig als die Frauen. Es gibt unzählige tüchtige und erwachsene Männer, die im Leben etwas bedeuten und die nicht fähig sind, sich ein Schuhband in den Schuh oder einen Knopf in den Kragen zu tun. Die, wenn ihre Frau einmal verreist ist, sich kein Butterbrot schmieren können, kein reines Hemd finden. Manche sind sogar noch stolz auf diese säuglingshafte Abhängigkeit. Sie wissen nicht, daß sie damit nur eine Zurückgebliebenheit dokumentieren, daß diese Haltung ein Zeichen von seelischem Zwergwuchs ist.

Unzählige Frauen können nicht einen Gedanken denken, ehe sie nicht dem Mann an den Augen abgelesen haben, was er wohl denkt. Sie ahmen ihren Gatten in jeder Geste, in jedem Wort nach, genau wie siebenjährige Kinder ihre Eltern nachahmen. Drei von vier Sätzen fangen bei ihnen mit der verabscheuungswürdigen Besitzbezeichnung »mein Mann« an. Man braucht diese vierzigjährigen Kinder nicht näher zu schildern. Jeder kennt sie. Leider sind sie mit fünfzig oder mit achtzig auch noch nicht älter geworden und meist ebenso unfähig, allein etwas im Leben darzustellen.

Wir sprachen schon von der kindlichen Vorstellung der meisten Menschen, daß sie alles geschenkt bekommen müssen. Unendlich viele leben in der Vorstellungswelt des Kindes aus reichem Hause.

Es ist allen ganz selbstverständlich, daß man jede Ware ins

Haus geschickt bekommt. Sie wissen nicht und wollen nicht wissen, wieviel Menschen arbeiten müssen, damit sie haben, was sie brauchen. Sie wissen nicht, welcher soziale Aufbau dazu nötig ist, daß sie ungestört wohnen, essen und schlafen können. Sie wollen nicht darüber nachdenken. Fürs Denken nämlich haben sie Fachleute angestellt. Für die Eisenbahn gleichfalls. Fürs Telefon kommt der Telefonmann. Das Wasser läuft aus der Wand, weil der Wasserhahn dran ist.

Und für alles das legt unser Kindsmensch sein Geld pünktlich an jedem Ersten auf den Tisch. Leben wir etwa nicht im Zeitalter der Erfindungen und Entdeckungen? Sind wir nicht Bürger des zwanzigsten Jahrhunderts? Also kommen uns alle Vorteile zu (und die Nachteile sind da, damit wir etwas zu jammern haben).

Die Soziologie des Kindsmenschen im Industriezeitalter, des von Geschenken Überschütteten, der mit diesen Geschenken nichts Rechtes anzufangen weiß, ist noch zu schreiben. Uns geht hier nur an, daß der durchschnittliche Erwachsene, der Mensch zwischen zwanzig und vierzig, der für heute entscheidende Typ, ein Mensch ist, der alles, was er bekommen kann, annimmt und an sich zieht. Daß er ein Habeviel ist, der mit seiner Habe nichts anfängt, daß er erstickt wird vom Angebot des Lebens und in alle Winde zerstreut von den übergroßen materiellen Möglichkeiten.

Jugend ist die Zeit der Geschenke und des harmlosen Raffens. Kinder sind zuerst ganz glücklich, wenn man ihnen das Zimmer mit neuen und immer neuen Sachen vollstellt. Nach einiger Zeit allerdings verliert sich der Reiz des ewig wechselnden Neuen. Dann nehmen die Kinder das, was sie nicht gebrauchen können, was in dieser Sekunde keinen Reiz für sie hat, und zertreten es, zerschlagen es, werfen es aus dem Fenster. In ihrer kindlichen Zerstörungswut sind sie klüger als die jugendlichen, besitzwütigen Erwachsenen. Das Wegwerfen dessen, was man nicht braucht, ist eine natürliche Äußerungsform des lebendigen Lebens. (Aber selbstverständlich, das wollen wir doch lieber in Klammern sagen, soll man Kinder nicht zu Zerstörern erziehen dadurch, daß man sie mit Geschenken überhäuft. Man soll Kinder so sparsam, mit so wenig Besitz erziehen, daß sie aus jedem Besitz eine ganze, besondere Welt bauen können.)

Es wäre gut, wenn man auch dem jugendlichen Erwachsenen, dem Menschen unter vierzig nicht mehr gäbe, als er verbrauchen kann. Man sollte versuchen, den Besitzwahn überhaupt auszurotten, die Sammelleidenschaft für Geld, Waren, Kostbarkeiten und Liebe. Man sollte die Menschen dazu erziehen, daß sie nur das zu bekommen trachten, was sie gebrauchen und erleben können.

Die Welt ist leider von Menschen bewohnt, die ihren Wünschen nach Millionäre sind, die sich wünschen, viel mehr zu haben, als sie je gebrauchen könnten.

Was muß weg?

Zunächst müssen wir uns trennen von den Jugendwünschen, die nicht in Erfüllung gegangen sind und für die wir uns auch jetzt noch nicht ganz einsetzen wollen. Wenn wir uns in unserer Jugend gewünscht haben, Künstler zu werden oder Kurtisane, Lokomotivführer oder Zuckerbäcker, dann müssen wir nun feststellen, ob der Wunsch noch mächtig ist oder schon blaß geworden. Kein Schicksal der Welt, keine Macht ist fähig, sich gegen wirkliche vom Grund kommende Wünsche und Bemühungen des Menschen zu stellen. Die meisten Wünsche sind aber keine echten Wünsche, sondern es sind Wunschzettel, wie sie Kinder für Weihnachten und Geburtstag aufschreiben, Phantasiezettel, bei deren Aufschreiben der Spaß so groß ist wie die Erfüllung.

Ich wünsch' mir eine Eisenbahn
So groß wie die Kirche nebenan!

So schreibt manches Kind und ist nachher entzückt von der Fünfzig-Pfennig-Eisenbahn unter dem Weihnachtsbaum. Es kann diese winzige Bahn mit einem einzigen Ruck seiner allmächtigen Phantasie in Kirchenhöhe hinaufpumpen.

Wir wünschen als Erwachsene genauso phantastisch wie die Kinder. Aber wir haben nicht mehr die Kraft, uns mit der Wunscherfüllung in der Vorstellung zu begnügen. Unsere Phantasie reicht nicht aus zur Imagination, zur gestalthaften Verbildlichung, und wir erkennen nur materielle Verwirklichungen an.

Außerdem sind wir meist gar nicht bereit, den Preis für die Erfüllung unserer Wünsche zu zahlen. Wir wünschen etwa Künstler zu werden. Aber vom Künstler wünschen wir uns nur den Ruhm und nicht die Einsamkeit und die Anstrengung. Wir wollen Kurtisanen werden, aber von ihrem Leben möchten wir nur die Perlenkette, Lokomotivführer, aber davon nur die glatte Fahrt durch einen blühenden Frühlingstag, auf einer Maschine, die andere geölt und geheizt haben. Wir wünschen uns ein Zuckerbäckerdasein mit dauernder Naschhaftigkeit. Wir wünschen uns keine Wirklichkeit.

Solche unwirklichen Wünsche aber gehören sich nicht mehr für Menschen nach der Lebenswende, und wir sollten sie ausstreichen. Sie lähmen unsere Kräfte. Nach der Lebensmitte gilt auch nicht mehr die Entschuldigung, daß wir den Wert und die Gefahren einer Sache nicht so genau kannten. Es geht nicht an, sich als erwachsener Mensch Reichtum zu wünschen und dabei nicht zu wissen, was der Reichtum im allgemeinen aus den Menschen macht. Nicht zu wissen, daß kaum ein Reicher seinen Reichtum zu nutzen oder zu genießen versteht. Nicht zu wissen, daß den Reichen meist jede Beziehung zum Leben, daß ihnen die notwendige Lebenshärte oder Herzensweichheit fehlt und daß die Kinder der Reichen den größten Lebensgefahren ausgesetzt sind (größeren jedenfalls als die Kinder der Armen).

Der reife Mensch kennt also den Preis für Reichtum. Ist er

bereit, ihn zu zahlen, ist er bereit, unter Ausschaltung aller Ziele auf das eine Ziel loszugehen, so kann er reich werden.

Wenn wir uns wünschen, Macht zu haben, so werden wir wenigstens in unserem Kreis diese Macht bekommen können, falls wir den Preis für Macht, die Einsamkeit zum Beispiel, zu zahlen bereit sind. Wenn uns aber nur danach gelüstet, die Gebärden der Macht zu machen, wenn wir nur die äußere Form der Macht haben wollen, so werden wir niemals zu irgendeinem nennenswerten Einfluß kommen. Wir werden nicht einmal unsere nächsten Menschen, nicht einmal unsere Familie lenken können. Wir werden keine fruchtbare Beziehung zu unseren Freunden bekommen. Machtgelüste ohne den rechten Machtwillen verderben jede menschliche Beziehung. Wer also Macht will, muß sie ganz wollen.

Es ist ungeheuer schwer, mit unerfüllten Wünschen fertig zu werden, Wünsche als unerfüllbar zu erkennen und zu töten. Aber es hilft nichts. Wenn man aus dem jugendlichen Zeitalter des Lebens weggeht, muß man die Jugendwünsche und Jugendträume bewältigt haben. Und es gibt nur drei Arten der Bewältigung: zu Ende träumen (und schmerzlich aufwachen), verwirklichen (und merken, daß die Erfüllung des Jugendwunsches im reifen Alter nicht mehr schmeckt) oder über Bord schmeißen. So schmerzlich es ist: um die Lebenswende muß man über Bord schmeißen, was nicht mehr lebendig ist. Die Beziehungen zu Jugendfreunden etwa, mit denen man nichts mehr zu sprechen weiß, die Gewohnheiten der Jugendtage vom Reifenspiel bis zum Skatspiel, von der Kindergesellschaft bis zum Kaffeehausbesuch und bis zum Schützenfest.

Und wir müssen auch die unerfüllbaren sexuellen Wünsche mitsamt den schlechten sexuellen Gewohnheiten der Jugend über Bord werfen, nicht um zu verzichten, sondern um an das Wesen und das Wesentliche des Erotischen heranzukommen und um endlich einmal die ganze Süße und Frische einer natürlich ins ganze, volle Leben eingebauten Liebe zu spüren.

Wir müssen ökonomisch leben und denken. Was uns nur

Kraft nimmt, ohne uns etwas zu geben, muß weg. Trennen wir uns doch auch endlich von unseren Enttäuschungen, die die meisten von uns sorgsam aufheben, als Entschuldigungszettel ans Leben gerichtet.

Wer von seinen Eltern schlecht erzogen wurde, hatte von zwanzig bis vierzig ausreichend Gelegenheit, diese Erziehung zu verbessern und die schlechten Folgen auszugleichen. Was nützen uns die Vorwürfe gegen die Eltern? Mit vierzig ist es nicht mehr erlaubt, sich die Entschuldigung für ein Versagen bei den Vorfahren zu besorgen.

Aber freilich ruht es sich angenehm auf der falschen Erziehung, die uns zuteil wurde. »Meine Mutter hat mich so sehr verwöhnt« oder »Mein Vater hat mich so sehr verprügelt« oder »Ich habe als Kind allzufrüh die schreckliche Streitatmosphäre einer unglücklichen Ehe atmen müssen«..., das sind drei der durchschnittlichen Entschuldigungen, die man immer wieder hört. Verweichlichung, Mißhandlung und früher Einblick in die dunklen Gründe des Lebens, das sind drei von den Hemmungen, die so viele Menschen hindern, etwas zu werden, die sie dazu veranlassen, andere Menschen zu mißhandeln.

Nach der Lebenswende nützen uns die Entschuldigungen nichts mehr. Löschen wir also die Missetat, die andere Menschen an unseren jungen Seelen verübt haben! Einmal muß man vergeben, und wenn man auch nicht vergessen kann, so muß man doch so leben, als ob alles ausgelöscht sei. Es darf nicht mehr wirken.

Dasselbe gilt von den Mißhandlungen und Kränkungen, die uns das Schicksal zugefügt hat. Gewiß ist es schlimm, wenn man in großer Armut geboren wird oder in großem Reichtum. Sicher ist es schwer, plötzlich zu verarmen oder plötzlich reich zu werden. Es ist gefährlich, wenn das erste Vertrauen mißbraucht wurde, wenn die kindliche Seele in Erlebnisse hineingerissen wurde, die sie nicht verarbeiten konnte, gegen die sie sich nicht wehren konnte. Natürlich ist es hart, wenn eine junge liebende Frau betrogen wird. Das alles kostet Kraft und bringt böse Stunden. Es gibt auch Menschen, die an seelischen Mißhandlungen zugrunde gehen, lebensunfähig werden oder sterben. Jetzt aber, da wir in der großen Abrechnung stehen, müssen wir alle diese Dinge fertigmachen. Wir müssen uns entschließen, ob wir an den Wunden, die wir bekommen haben, sterben wollen oder ob wir am Leben bleiben. Wenn wir aber leben wollen, dann wollen wir endgültig die Enttäuschungen und Schwierigkeiten der Jugend überwinden, das heißt auf den Winden eines neuen Auftriebes hinüberschweben über alles das, was als Stein des Anstoßes in unserem Leben zurückblieb, was als Klagemauer quer durch unser Herz gezogen war.

Wenn wir uns entschlossen haben, so zu handeln, als wären die Enttäuschungen und Schwierigkeiten nie gewesen, so als hätte jedermann die gleichen Schläge auszuhalten, so als ginge es gerecht im Leben zu, dann wird man bald erkennen, daß das Leben tatsächlich ziemlich gerecht ist und die Ausgleiche immer wieder herbeiführt. Schwere Leben bringen nämlich große Kräfte hervor, und wenn sie auch große Kräfte verbrauchen, so hat der Mensch, der aus schwerem Leben kommt, meist noch einen Überschuß an Kraft. Leichte Leben aber lassen viele Kräfte unentwickelt, und so kommt es, daß Menschen, die aus einem leichten Leben kommen, oft von winzigen Schlägen des Schicksals bereits gefällt werden.

Für leichte Leben wird also meist sehr teuer bezahlt, und für schwere Leben bekommt man vom Schicksal Kraft.

Hat man sich entschlossen, das Leben der Reife anzufangen, so muß man die Gespenster der Jugend, die Schatten der Kindheit aus dem Hause jagen. Wenn man das neue Leben anfängt, hat man keine Zeit und keine Kraft für Gedanken an das alte Leben, an alte Schwächen, an alte Wunden. Man muß neue Kraftquellen aufgraben und die Schmerzquellen, aus denen immer wieder der Schmerz über Vergangenes fließt, zuschütten.

Nicht was wir erlebt haben, ist wichtig, sondern was wir erleben wollen.

Die ersten Kämpfe für das neue Leben nach vierzig sind beinahe Schattenkämpfe. Sie spielen sich in der Wunschwelt, in der Traumwelt, in der Seelenwelt ab. Das ist auch richtig. Denn von der Wunschwelt her liegen die verdunkelnden Schatten über dem Leben des Menschen. Von der Traumwelt her wird seine Wirklichkeit verfälscht, von der Seelenwelt wird sein Wille gelähmt.

Ehe man in dieser Unterwelt und Dämmerwelt, in der Welt hinter der Glasscheibe, in der die Gedanken der Menschen leben, nicht Ordnung geschaffen hat, kommt man nur schwer zu wirklichen Handlungen in der Wirklichkeit.

Es ist aber natürlich auch möglich, sofern man die Kraft hat, die Traumwelt wenigstens zeitweise in Schach zu halten, außen anzufangen und die ersten Versuche im täglichen Leben zu machen. Es gilt hier das gleiche, was in der Seelenwelt gilt: Man muß aufräumen und das Überflüssige abtun. Man muß vom Unwesentlichen ins Wesentliche zurückfinden. Die Grundregel für diesen Kampf lautet: Was man nicht ganz und gar lebendig machen kann, das soll man gar nicht machen. Was man nicht mit Leben zu erfüllen vermag, das soll man in seinem Leben nicht dulden. Ein Grundsatz, der ungeheuer einfach klingt, aber das Leben vom Grunde her ändern muß, wenn man ihn befolgt.

Nichts tun, was man nicht lebendig tun kann. Das ist am ehesten im persönlichen Leben zu verwirklichen – und auch da ist es noch schwer genug – und am schwersten im Berufsleben, das in seiner außerordentlichen Spezialisierung immer mehr Tätigkeiten verlangt, die zum Leben keine Verbindung haben, die mechanisch und einseitig nur einzelne Kräfte beanspruchen und die Totalität des Menschen nichts angehen. Man muß die »Verlebendigung« im persönlichen Leben ansetzen. Das tut man am besten, wenn man einen heftigen und rücksichtslosen Kampf gegen alle Gewohnheiten beginnt. In der

Zeit der Lebenswende muß man alle Gewohnheiten ausnahmslos bekämpfen. Natürlich gibt es kluge und dumme, kleine und große, vollkommen alberne und gut durchdachte Gewohnheiten, aber zuzeiten sind alle Gewohnheiten gleich schlimm. Denn alle haben die Tendenz, sich an die Stelle der lebendigen Impulse, an die Stelle des Spürens, an die Stelle der Lebensnotwendigkeiten zu setzen, und schließlich, wenn man sich nicht gewaltsam befreit, überziehen sie das Leben des Menschen wie Schimmel und ersticken es.

Die Menschen sind, wie man sagt, Gewohnheitstiere. Ein bitteres und wahres Wort. Durch seine Gewohnheiten verliert der Mensch immer wieder viel von seiner menschlichen Gestalt und Substanz, von seiner Freiheit, seiner Kraft und Wahlfähigkeit und richtet sich recht behaglich auf der Tierebene ein.

Die Gefährlichkeit der Gewohnheiten kann nicht gut überschätzt werden. Der Kampf gegen sie ist weniger schwer als aufreibend. Gewohnheiten sind sehr listenreich. Da hat zum Beispiel der Gewohnheitsträger seinen kleinen Stolz auf seine »Eigenheiten«. »Ich habe die Gewohnheit...«, das heißt, denkt er, ich bin ein Mensch von Grundsätzen und lasse mir von meiner Charakterstärke nichts abhandeln.

So bleiben denn die Menschen dabei, sich grundsätzlich immer nur in der gleichen, etwas törichten Art zu schneuzen, in der gleichen Art zu husten und zu niesen, zu lachen und zu weinen. Sie merken nicht, daß ihre Gesichter sich schon danach bilden, daß sie verzerrte Hustengesichter bekommen oder Tränengesichter, oder daß sie ein gefrorenes Lächeln um die Mundwinkel tragen, das ihnen einen Narrenausdruck verleiht. Es gibt Menschen, die immer in der gleichen Stellung im Bett liegen und noch stolz darauf sind, obwohl die Bettstellung, nachtnächtlich eingenommen, sie langsam verkrümmt. Andere wieder sitzen den ganzen Tag, das linke Bein über das rechte Bein geschlagen, auf ihrem Bürostuhl und können nicht arbeiten, wenn sie einmal versehentlich das rechte über das linke schlagen. Andere sind stolz darauf, daß sie ihr ganzes Leben lang um Punkt zwölf Uhr dreißig zu Mittag gegessen haben, und machen Krach, wenn durch irgendwelche ganz großen Ereignisse die Suppe erst um zwölf Uhr fünfunddreißig auf den Tisch kommt. Andere wieder haben die Gewohnheit, an jedem Tag der Woche, das ganze Jahr hindurch, im Sommer und Winter, dasselbe Essen zu sich zu nehmen. Sonntags Schmorbraten, montags denselben Braten kalt, dienstags falschen Hasen, mittwochs Kartoffelklöße, donnerstags Schweinsohren mit Sauerkohl, freitags Schellfisch mit Meerrettich, sonnabends Erbsensuppe mit Würstchen und natürlich jeden Morgen abgezählt zweieinhalb Tassen Kaffee mit zweieinhalb Butterbrötchen. Sie finden es richtig, daß man in jedem Lebensalter, bei jeder Arbeit und bei jedem Kräftezustand immer das gleiche, das gewohnte Essen ißt, obwohl doch der Anblick der meisten Menschen jedem nachdenklichen Menschen sagen muß, daß die durchschnittlichen Eßgewohnheiten nicht richtig sein können.

Sie können sowenig richtig sein wie die anderen Lebensgewohnheiten. Oder soll es wirklich lebendig machen, wenn ein Mann vierzig Jahre lang zur gleichen Stunde ein sauer riechendes Lokal betritt, um mit einigen Männern seines Alters zwei bis fünf Stunden an einem runden Tisch zu sitzen, Bier zu trinken und zu rauchen? Soll es lebendig machen, an jedem Mittwoch bei schlechter Musik zusammenzukommen, Kaffee und Kuchen zu sich zu nehmen und sich jene langweiligen Geschichten aus dem Bekanntenkreis zu erzählen, die weder die Erzählerin etwas angehen noch die Kaffeeschwestern, die es sich anhören? Es kann nicht gut sein, an jedem Abend Schach zu spielen oder Radio zu hören oder eine halbe Stunde um einen Rasenplatz zu gehen oder Patiencen zu legen oder »auszugehen«, wobei nichts gegen das Schach, den Rasenplatz oder die harmlose Vergnügung gesagt werden soll, sondern nur gegen die tägliche Wiederholung, die Gewohnheit.

Die Gewohnheiten mumifizieren das lebendige Leben, das heißt, die Lebensgestalt bleibt wohl, aber der Herzschlag hört auf. Man soll sich nun nicht damit entschuldigen, daß »der

Mensch seine Ordnung braucht«. Selbstverständlich kann man nicht jeden Tag aus dem Stegreif neu komponieren (obwohl es sehr gut ist, wenn man sich in jedem Jahr wenigstens ein paar Wochen solchen Stegreifkompositionen widmet, um das Talent zur Lebensgestaltung wieder und wieder zu üben). Der Mensch braucht natürlich ein gewisses äußeres Gerüst, das seine Tage hält. Er braucht auch gewisse, regelmäßig wiederkehrende Ordnungen. Aber man muß sich sehr hüten, die Regelmäßigkeit des Lebens als eine Regel der Natur zu empfinden und zu verehren. Man darf nicht der Ordnung göttliche Ehren erweisen oder sie gar mit der Wiederkehr des ewig Gleichen erkaufen wollen. Man muß die Gewohnheiten zeitweise immer wieder durchbrechen, die Ordnungen und Regelmäßigkeiten immer wieder aufheben und umstellen.

Wenn die Gewohnheiten schon das Leben junger Menschen mit Vergreisung und Verkalkung bedrohen, so stehen die reifen Leben in der Gefahr, von den Gewohnheiten ermordet zu werden. Eine Änderung der Lebensform, die notwendige Änderung des Lebens nach der Lebenswende kann nicht beginnen, ehe man die Gewohnheiten überprüft und einen Teil wenigstens aufgehoben hat.

Kein Tag darf gleich beginnen. Jeder Tag muß anders anfangen. Zur immer gleichen Zeit aufstehen, sich waschen, frühstücken... diese heilige Morgendreieinheit muß sehr oft geändert werden. Ein Mensch nach vierzig soll zunächst einmal nicht immer um die gleiche Zeit aufstehen. Es ist gut für ihn, wenn er mal um sieben und mal um drei Uhr des Morgens sein Tagewerk beginnt, mal mitten in der Nacht und mal am späten Morgen. Es ist nicht gut für ihn, wenn er immer das gleiche Quantum Schlaf zu sich nimmt. »Ich brauche meine acht Stunden Schlaf«, das darf ein jugendlicher Mensch noch sagen, obwohl es nicht stimmt und jeder junge Mensch es leicht feststellen kann, daß zum Beispiel ein richtiges Vergnügen, ein wirklicher Genuß, eine neue Verliebtheit jede Menge Schlaf zu ersetzen vermag.

Man soll nach vierzig neugierig auf sich sein und soll wenigstens einmal objektiv feststellen, wie die Gesamtverfassung nach zwei Stunden Nachtschlaf ist und wie nach zwölf, und man wird bald merken, daß man zuweilen viel Schlaf braucht und zuweilen ganz wenig und daß der Körper manchmal statt des Schlafes etwas ganz anderes verlangt, einen Nachtspaziergang zum Beispiel, einen Lauf bei Mondschein am Meer oder ein Morgenbad bei Sonnenaufgang oder eine Stunde Gymnastik. Es ist ganz selbstverständlich, daß man auch nicht täglich in ein heißes Bad klettern kann, weil man sich damit nicht mehr säubert, sondern die Haut ruiniert. Man bekommt nicht leicht Runzeln und eine welke, schlaffe Haut, wenn man den einen Tag ein heißes Bad nimmt, den nächsten eine kalte Brause, den übernächsten sich nur einölt, den vierten sich mit heißen Handtüchern abreibt, den fünften Seesand nimmt und den sechsten sich so lange massiert, bis die Haut (ohne Einölung!) glatt und glänzend ist.

Folgt das Frühstück. Und es ist klar, daß ich mir von dem immer gleichen Frühstück kein Heil verspreche, daß ich glaube, man sollte wenigstens mit der Jahreszeit und mindestens mit der Lebenszeit das Frühstück ändern. Und immer wieder mal kein Frühstück zu sich nehmen oder etwas ganz anderes, was man noch nie morgens gegessen hat.

Man sollte überhaupt nicht immer regelmäßig essen. Wenigstens nicht, wenn man die Vierzig überschritten hat. Man sollte probieren, was einem am besten bekommt, wann es einem am besten bekommt und mit wie wenig man auskommen kann. Man sollte sich nicht an einzelne Mahlzeiten und an einzelne Nahrungsmittel gewöhnen. Der Körper nämlich mag überhaupt keine Gewohnheiten, und das, was er gewöhnt ist, verwertet er auf die Dauer am schlechtesten. Wechsel also in der Ernährung und Kampf gegen jede Gewohnheit ist einer der Jungbronnen, die in jedem Leben fließen und die zudem gar nichts kosten. Es gibt nur einen billigeren Jungbronnen, und das ist die vollkommene Enthaltung von allen Speisen und

Getränken für eine gewisse Zeit, das Fasten. Gerade die Menschen in der Lebenswende sollten sich um die Möglichkeiten kümmern, die im Fasten stecken, um die ungeheuren Möglichkeiten der Reorganisation des Körpers, der einmal für eine kurze Zeit in Ruhe gelassen wird und sich damit beschäftigen kann, neue Kräfte zu sammeln, statt immer alle Kräfte für die Verdauung, für das Herausschaffen überflüssiger Nahrungsmittel zu verbrauchen.

Das Gegenteil des Fastens ist die Gewohnheit, pausenlos irgend etwas zu genießen, Zigaretten oder Bonbons, Brauselimonaden oder Schnäpse, Würstchen oder Cocktails, Eis oder Sandwiches, Krachmandeln oder Kaugummi. Diese Erfrischungen machen den Menschen nicht frisch, und durch die Gewohnheit, sich dauernd zu erfrischen, wird er träge und lässig, dumpf, langweilig und unlebendig.

Genauso aber, wie es mit den materiellen Gewohnheiten ist, die den Körper leistungsunfähig machen und von da aus das Gemüt, die Seele, den Geist verdunkeln, so ist es auch mit den sogenannten geistigen Gewohnheiten.

Man könnte natürlich Zeitungen (und Romane, denn Romanlesen kann auch zur lasterhaften Gewohnheit werden) von einem lebendigen Zentralpunkt aus lesen. Man könnte aus den Zeitungen auslesen, was man braucht, was man wissen muß und möchte, was das Leben reicher macht. Aber viele schlucken wahllos die ganze Nachrichtenbrühe täglich mit ihrem Morgenkaffee hinunter, Brauchbares und Unbrauchbares, Wichtiges und Unwichtiges, und verlieren so allzu leicht das feinere Unterscheidungsvermögen.

Die Gewohnheiten verhindern uns, zu erkennen, was von unserem Tun und Lassen unser Leben bereichert und was es arm macht. Sie machen es uns unmöglich, ein freies, immer wieder sich erneuerndes Leben zu führen. Denn nach einer ziemlich kurzen Zeit wird aus der Gewohnheit ein Muß. Aus dem Rauchenden wird ein Raucher, aus dem Trinkenden ein Trinker, aus dem Essenden ein Fresser. Die Nebendinge des

Lebens, die kleinen Notwendigkeiten und Genüsse, die Gewohnheiten, treten an die Stelle des Lebens, und das Leben ist schließlich nur noch dazu da, Lebensmittel zu konsumieren.

Das ist das Ende. Und einen solchen Menschen, der vielleicht noch ein wenig im Sexuellen herumpfuscht, um auch da zu konsumieren, was sich ihm bietet, diesen Menschen nennt man dann einen Genußmenschen, lucus a non lucendo – Genußmensch, weil er nichts mehr genießen kann.

Beginnt man nun, die Gewohnheiten abzubauen, so wird man zunächst entsetzt feststellen, daß dort, wo die Gewohnheiten gestanden und geblüht haben, nichts wächst. Man kommt, wenn man das läßt, was man bisher getan hat, in eine Leere. Wer zum Beispiel auch nur drei Tage lang fastet, wird sehr erstaunt darüber sein, wieviel von seiner Zeit und seinen Gedanken bisher für Essen verbraucht wurden, wie schwer er sich nun aber auch im Tage zurechtfinden kann, weil die Mahlzeiten das Gerüst des Tages waren. Er wird sich nicht mehr darüber wundern, daß viele alte Leute, die nichts mehr zu tun und nichts mehr zu denken haben, sich an den Mahlzeiten durch ihre Tage tasten, von einer Mahlzeit zur anderen leben. Im Ansatz tut das jeder Mensch.

Das zum Leben Notwendige, die Voraussetzungen des Lebens haben die Gewohnheit, sich an die Stelle des Lebens selbst zu setzen. Deshalb ist es so wichtig, daß man die Äußerlichkeiten des Lebens, die erst die Lebensvoraussetzung liefern, nicht so wichtig nimmt. Daß man genau weiß, wie unwichtig die Regelmäßigkeiten sind, wie ganz und gar gleichgültig das Schachspiel am Dienstag, der Mittwochabend für Bridge, der Kegelabend am Donnerstag, das Kino an jedem Freitag und die abonnierte Oper an jedem Sonnabend, obwohl doch Kino und Oper, Bridge, Kegeln und Schach das Leben angenehm auflockern, erleichtern, frisch machen können.

Die Gewohnheiten machen das Leben stumpf und dumpf. Deshalb müssen sie aus einem Leben heraus, das etwas Neues erzielen will.

Wenn wir aus dem Gewohnten hinaustreten, stehen wir mit einem Male anders zu unserem ganzen Dasein. Alles in der Welt wird neu, frisch, bekommt seinen besonderen Wert wieder, seine ihm eigentümliche Gestalt. Ja, die Fülle des Lebens wird uns wieder offenbar, wenn wir aus uns hinaustreten.

Das, was dem Schauspieler auf der Bühne so oft gesagt werden muß, daß er aus seiner zufälligen Existenz, aus seinem Müller-und-Schulze-Sein hinausgehen soll und hineingehen in eine wesentliche Gestalt, das wird vom Menschen um die Vierzig, um die Lebenswende verlangt. Geh aus dir hinaus und sieh dich an! Erkenne deinen Standort, deine Kräfte, erkenne deine Kraftlosigkeit und geh wieder dorthin, wo die Kraftquellen deines Lebens fließen…, das ist der Ruf des Schicksals an den Menschen in der Lebenswende.

Viele Menschen hören wohl diesen Ruf, aber sie können sich nicht entschließen, ihm zu folgen. Ja, es ist ein Teil der Qual der Krise, daß die Stimme, die innere Mahnung, das Gewissen sie unruhig macht und nicht mehr einschlafen läßt. Aber sie können doch nicht aufbrechen, denn es »spricht zuviel dagegen«. Man ist in seinem Beruf groß geworden, man ist in seinem Pflichtenkreis nicht entbehrlich. Die Familie braucht uns. Die Kinder haben die väterliche oder die mütterliche Hand noch nötig.

Es ist ein ewiger Kampf zwischen der Stimme des Schicksals oder des Gewissens und der Erstarrung, die sich des Menschen schon bemächtigt hat, der Unbeweglichkeit des Körpers, der Bequemlichkeit des Geistes, der Ohnmacht der Seele.

Dieser Kampf muß von jedem Menschen durchgekämpft werden. Aber von den meisten wird er schon im Beginn unterdrückt und immer wieder unterdrückt, wenn er sich wieder zu erheben droht. Nur sehr wenige kämpfen ihn gleich durch.

Diejenigen, die sich der Entscheidung sofort stellen, ersparen sich viele Kämpfe. Die anderen, die wenigstens die Entscheidung wünschen, die sich aber, gewöhnlich von einem mißverstandenen Pflichtbegriff im bisherigen Leben festgehalten, nicht entscheiden können, werden schließlich von einem ungewöhnlichen Ereignis, meist von einer Krankheit, gezwungen, sich der Entscheidung zu stellen.

Die Krankheit in der Lebenswende ist eine der großartigsten Listen der Schöpfung, die es nicht aufgibt, um die ständige Vervollkommnung, Verlebendigung und Erneuerung des Menschen zu kämpfen. Wer niemals zur Ruhe kommen konnte und deshalb immer an sich vorbei leben mußte, bekommt in der Krankheit endlich die Ruhe. Wer niemals Zeit hatte, bekommt endlich die Zeit. Wessen Blut zu langsam floß, der wird nun durch den beschleunigten Herzschlag des Fiebers befeuert.

Die Krankheit ist eine Revolution, in der der Körper sich erneuert. Er wirft die Schlacken vieler Jahre hinaus. Er rebelliert gegen das Gewohnte und setzt sein Recht auf das Ungewohnte durch.

Neue Appetite erwachsen, neue Sehnsüchte regen sich. Der Mensch, der Jahr für Jahr die Erneuerung ablehnte, der keine Zeit hatte, keine Geduld, beginnt nun, das Unmögliche möglich zu machen, denn er begreift, daß sein Leben, dies eine Leben, das er bisher geführt hat, erst eine Einleitung war, ein Anfang, ein Torso. Daß er nun anfangen muß, den Torso zu vollenden. Denn in ihm steckt die Möglichkeit, aus seinem Leben etwas Ganzes zu machen.

Natürlich ist die etwas gewaltsame Erneuerung durch eine Krankheit durchaus nicht das Ideal. Man muß zu viel leiden, bis man so viel Gift und Unglück, Unrat und Unzufriedenheit in sich angesammelt hat, daß die Revolution des Körpers, die Krankheit, ausbrechen kann. Man sollte nicht erst eine Krankheit brauchen, um zur Einsicht und Überschau zu kommen. Aber wenn man dann krank wird, dann soll man die Krankheit, und besonders die Krankheit in der Lebenswende, nicht mehr als Krankheit im gewöhnlichen Sinne ansehen, als einen

Unfall des Körpers, als einen Überfall irgendwelcher Bakterien, die man zufällig aufgelesen hat. Man soll die Krankheit begreifen als die endgültige Mahnung, daß man sein Leben zu ändern hat.

Krankheiten wollen und sagen nichts anderes als das. Man muß sie zu lesen und zu deuten verstehen und muß den Deutungskreis nicht zu klein schlagen. Selten liegen die Gründe in irgendeiner einzelnen Verfehlung oder an der Schwäche eines einzelnen Organs. Immer ist, wenigstens in der Lebenswende, das Ganze gemeint. Man soll die Krankheit als Arznei nehmen. Man soll nicht Krankheiten heilen, sondern sich durch Krankheit heilen.

Weiser ist es freilich, schon die leiseren Stimmen zu hören, in Distanz zu gehen, bevor man krank wird. Weiser ist es, sich objektiv anzuschauen, ohne Haß und ohne Selbstüberhebung mit der objektiven Liebe, die man jedem Geschöpf und damit auch sich selbst schuldet. (Liebe dich wenigstens so, wie du deinen Nächsten lieben solltest.) Weil der Mensch in der Krankheit viel zu lernen pflegt, soll man nicht etwa so lange töricht leben, bis man krank wird, um dann durch Krankheit weise zu werden. Das muß manchen Krankenschwestern gegenüber betont werden, die Gott in jeder Krankheit erscheinen sehen. Nicht Gott wird in Krankheit sichtbar, sondern die Torheit des Menschen, und die Weisheit Gottes liegt darin, daß er in der Krankheit das Mittel gefunden hat, den Menschen zu wandeln, durch das Schlechte der Krankheit alles zum Guten zu wenden.

Ich rate jedem Menschen dringend, mehrmals im Laufe des Jahres, am besten in den Übergängen der Jahreszeiten, in den Jahreskrisen, das ganze Leben auf den Kopf zu stellen. Wenn man in der Stille gelebt hat, soll man sich ins Laute begeben. (Das ist zum Beispiel der Sinn des Faschings, an dem aber leider meist nur die teilzunehmen pflegen, die sowieso schon das ganze Jahr laut sind und zuviel sinnlos lachen.) Der Konzentrierte soll sich zerstreuen, der Zerstreute soll sich sammeln. Der Asket soll sich ein Festessen leisten, und unser braver Vielesser soll ein paar Tage fasten. Wer viel stillsitzen muß, soll viel laufen, und wer viel laufen muß, soll viel stillsitzen. Wer immer von Erlebnissen gerüttelt und geschüttelt wird, soll versuchen, das heilige Vakuum, die Leere, zu erreichen, und wer immer im Vakuum sitzt, der soll sich erschüttern lassen, soll sich schütteln und rütteln lassen von Tanz, von Musik, von schönen Stimmen der besten Künstler der Welt, die ja für wenige Groschen wenigstens in der Reproduktion zu haben sind.

Diese einfachste Lebensregel schützt zunächst davor, daß man Jahr für Jahr in die Jahreszeitenkrankheiten, in die Herbstangst, in die Frühlingsmelancholie, verfällt. Sie bewahrt, von Jugend an geübt, die Menschen davor, in der Lebenswende allzu hart angepackt zu werden. Wie wir uns nämlich die Krankheiten nur dann wünschen müssen, wenn wir durch kein anderes Mittel zum Leben gebracht werden können, so wünschen wir uns die Krisen auch nur, wenn nichts anderes uns mehr lebendig erhalten kann.

Die Krisen sind also nicht etwa die Regel eines vollkommenen Lebens, sondern sie sind die Notwendigkeiten unserer höchst unvollkommenen Leben und können von uns nur nicht ganz vermieden werden. Der vollkommene Mensch wartet nicht darauf, daß die Krankheit oder die Krise ihn packt und zur Änderung seines Lebens aufruft. Er weiß vielmehr, wann die Lebenswende sich nähert, und er geht ihr entgegen. Alle großen Menschen sind in den großen Lebenswenden in die Wüste, in die Stille gegangen, um sich noch einmal zu überprüfen, um ihr Leben noch einmal zu überschauen, um noch einmal Kraft zu sammeln für die Aufgaben, die ihnen gestellt wurden. Christus, in der Wüste vierzig Tage fastend, ist eine der ewigen Figuren der Menschheit. Er ist das vorzüglichste Vorbild der vollkommenen Krisenhaltung, der Haltung in der großen Begegnung, in der entscheidenden Auseinandersetzung mit sich selbst.

Mitten in unserem Leben, zwischen den Gesichtern, die unser tägliches Leben widerspiegeln, zwischen den Wänden, die unsere Gewohnheiten eingeatmet haben, in den Kleidern, die wir täglich und Jahr für Jahr getragen haben, werden wir die Distanz zu uns nur schwer finden, die wir zu der entscheidenden Unterredung mit uns selbst nötig haben.

Deshalb werden wir alle aufgefordert, rechtzeitig aufzubrechen und unserer Lebenswende entgegenzugehen, in die Wüste zu gehen, alles zu verlassen, ohne zu bedenken, auf wie lange. Wir müssen »unseres Vaters Haus«, unser bisheriges Dasein, wenigstens so lange hinter uns lassen, bis wir unsere Augen erneuert, unseren Spürsinn wiederbekommen, den Blick für uns selbst gewonnen haben, bis wir vom freien Himmel her, aus der Vogelperspektive, unsere ganze Existenz überblicken können.

Wir müssen uns überschauen lernen. Das ist eine der wesentlichen Aufgaben, die jetzt in der Lebenswende zum letztenmal von uns verlangt wird. Denn wenn wir es jetzt nicht lernen, wenn wir weiter mit uns umgehen wie der unreife Liebhaber mit der Geliebten, ungerecht nämlich, überschwenglich in Liebe und Haß, schnell entflammt und schnell enttäuscht, dann wird aus uns wahrscheinlich nicht mehr allzuviel werden können.

Die Objektivität

Der Mensch soll sich selbst gegenübertreten. Er soll sich objektiv, als Objekt ansehen. Er soll sich ansehen als das Fahrzeug, das seine Möglichkeiten, seine Sehnsüchte, seine Leistungen, seine Werke hinübertragen soll über die unsichere See des Lebens in ein unbekanntes Ziel. Er muß dafür sorgen, daß dieses Fahrzeug seetüchtig ist, er muß dafür sorgen, daß alle Fähigkeiten, alle Kräfte gleichmäßig entwickelt werden, damit er nicht kentert. Keine einfache Aufgabe!

Während der Kinderjahre, der Jahre des Wachstums, während der Jahre des jugendlichen Erwachsenseins sind die Aufgaben, die gestellt werden, immer wieder Aufgaben, mit denen die einzelnen Talente, Begabungen, Organe, Möglichkeiten des Menschen beschäftigt werden.

Die Ausbildung des Menschen und das langsame Aufgehen im Beruf füllen die ersten vierzig Jahre des Lebens. Aber Ausbildung und Beruf pflegen nur einen Teil der Kräfte zu beanspruchen und häufig sie zu überbeanspruchen. Der Mensch, der sich objektiv betrachtet, muß feststellen, daß er nicht harmonisch ist, unausgebildet und verbraucht gleichzeitig, auf der einen Seite müde, auf der anderen Seite unentwickelt und nach Betätigung verlangend.

Der Mensch, der vierzig geworden ist, wird meist feststellen müssen, daß vor allem sein Körper nicht harmonisch ist. Er wird dann wahrscheinlich der Überlieferung gemäß sagen, daß er nicht *mehr* harmonisch ist, weil er eben seine volle Leistungsfähigkeit, seine jugendliche Ausgeglichenheit eingebüßt hat. Das ist ein frommer, nein, ein unfrommer Wahn. Die körperliche Disharmonie und Unausgeglichenheit ist leider kein Zeichen des Alters. Von einigen Ausnahmen abgesehen, sind die Kinder, schon bevor sie in die Schule kommen, gründlich mißbildet, gründlich überanstrengt, verzärtelt, überernährt oder falsch ernährt.

Wenn der Mensch dann später ins Berufsleben tritt, ist er meistens schon gründlich mißbildet. Das Berufsleben aber setzt diese Mißbildung in erhöhtem Maße fort. Im Berufsleben werden weniger und weniger Kräfte erfaßt aus Gründen der Spezialisierung, der außerordentlichen Schwierigkeiten bestimmter Berufe halber und so fort.

Jedenfalls zeigen sich eigentlich bei allen Menschen um die Vierzig die Schäden aus der Einseitigkeit der Arbeit und des Lebens, der Ausbildung und der Gewohnheiten in erschreckendem Maße. Die meisten Menschen sind, wenn man sie objektiv ansieht, nahezu mißgebildet. Sie haben schiefe Wirbelsäulen, dicke Bäuche, zerstandene Füße, überanstrengte Waden, eingesunkene Brustkörbe, hohe Rücken, vorgeschobene Hälse. Sie sind kurzsichtig, weitsichtig, schwerhörig. Sie haben verlernt zu gehen, sie können nicht mehr laufen. Sie pusten, wenn sie eine Treppe hinaufsteigen. Sie können sich nicht ungezwungen bewegen.

Das ist kein schönes Bild, aber leider ein wahres. Und das hat ja auch die Menschen veranlaßt, vom Fluch des Alterns zu sprechen und zu behaupten, daß die Menschen um die Vierzig häßlich und dick werden müssen, daß sie einem Naturgesetz zufolge die Form verlieren.

Sieht man sich objektiv und genau an, so sieht man sogleich, daß das Unsinn ist. Man kann nicht von einem Fluch des Alterns sprechen, sondern nur davon, daß die Essenz des ganzen vergangenen Lebens sich in uns ausprägt. »Die Gestalt des Menschen ist der beste Text zu allem, was sich über ihn empfinden und sagen läßt«, sagt Goethe in der »Stella«. Die Gestalt des Menschen ist aber auch eine Illustration zu dem von ihm gelebten Leben. Nicht das beginnende Alter drückt sich aus, sondern das, was man getan und unterlassen hat. Vielleicht muß man dem Alter »Tribut« zahlen. Was wir aber mit unserem Körper angestellt haben, das ist nicht Tribut ans Alter, sondern Tribut an ein einseitiges Leben.

Wenn wir uns objektiv, ohne Haß und mit Liebe betrachten (und erst das ist wahre Objektivität: die Identifikation mit dem Objekt, die nur als Liebesakt möglich ist und niemals etwa von jener wissenschaftlichen Kälte her erobert werden kann, die vielleicht anatomische Präparate zu erfassen vermag, aber nicht lebendiges Leben) … wenn wir uns objektiv betrachten, dann sehen wir wohl die Mißbildungen aus der Einseitigkeit. Aber wir sehen auch, daß wir uns nur ein wenig um uns zu kümmern brauchen, nur ein wenig mit diesem verkümmerten Körper arbeiten müssen, um sofort die überraschendsten Ergebnisse zu haben.

Kein Nacken, der nicht gerade werden kann, keine verdrehte

Hüfte, die nicht wieder in ihre normale Lage kommen kann, kein verbrauchter, plattgedrückter Fuß, der nicht (ohne Einlagen!) mit einiger Arbeit wieder zu einem schönen, jungen Fuß werden kann.

Freilich gehört zur Rückbildung einmal erworbener Fehler etwas Arbeit und viel Geduld. Man darf nicht verlangen, daß ein Bauch, der durch zu viel Essen und falsches Sitzen angemästet worden ist, der in zwanzig Jahren sorgsam präpariert wurde, in einem Vierteljahr ohne sonderliche Arbeit wieder verschwindet.

Man muß also, wenn man sich objektiv angesehen hat, beginnen, an sich zu arbeiten. Sehen aber kann man sich nur von einem Zentralpunkt aus. Deshalb eben war Distanz nötig. Hat man aber den Zentralpunkt und damit die objektive Schau gefunden, so wird man nicht mehr an irgendeinem Symptom herumpfuschen, wenn man seine Haltung verbessern will, sondern man wird wissen, daß man die ganze Lebenshaltung verändern muß, um die Körperhaltung grundsätzlich und gründlich zu ändern.

Der Schreibtischmensch muß wieder ein ganzer Mensch werden, und der Mensch auf dem Bau, an der Hobelbank, am Schmelzofen muß gleichfalls von seiner Einseitigkeit befreit werden. Der Bauer muß erkennen, wie sehr sein sonst so fruchtbares Leben ihn verhärtet und früher verkümmert und verkrümmt, als es nötig ist. Alle einseitigen Menschen aber müssen sich klarmachen, daß ihr Dasein zu eng ist, daß ein durch vielerlei Arbeit, Leistung und Erfolg, durch Kümmernis, Schwierigkeit und Sorgen eingeengtes Leben nicht den ganzen Menschen sich hat entwickeln lassen.

Aus der Distanz heraus erkennen wir unsere Gestalt objektiv, liebevoll. Wir erkennen das Geleistete, aber auch das Verfehlte. Wir erkennen, daß wir erst einen Teil von uns verwirklicht haben und vielleicht zu sehr verwirklicht und damit verwirtschaftet haben. Nicht das Leben hat uns geprägt und verbraucht, sondern wir selbst haben uns durch unsere Lebensform verprägt, verbraucht, verkrümmt, verkümmert. In jedem Menschengesicht, in jedem Menschenkörper ist das Zuvielgetane und Ungetane zu sehen, ist das Zuvielgelebte und das Ungelebte abzulesen.

Wir haben uns leider daran gewöhnt, nur die zu große Anstrengung, die zu heftige Arbeit, die unerträglichen Sorgen und Kümmernisse als Gründe des Verbrauchtseins anzusehen. In Augenblicken großer Klarheit aber erkennen wir, daß wir uns ebenso durch Vernachlässigung verbraucht haben, ebenso durch Schlappheit, ebenso durch allzu große Bequemlichkeit. Wir gehen daran zugrunde, daß wir nicht alle die Kräfte üben, die wir haben, daß wir nur einen Teil dessen leben und erleben, was wir sind, können, haben und sein sollen.

Training und Übung

Wenn ein junger Mensch das Gefühl hat, daß seine Kräfte nicht seinen Möglichkeiten entsprechen, beginnt er, diese Kräfte in die Erziehung zu nehmen, zu trainieren. Man trainiert seine Kräfte so lange, bis man sie auf ein gewisses Höchstmaß gebracht hat. Wann dieses Höchstmaß erreicht wird, ist selbst für erfahrene Trainer schwer zu bestimmen, und der Trainierende weiß es eigentlich nie.

Training erstreckt sich im Durchschnitt auf bestimmte Einzelleistungen und steckt sich genau zu messende Ziele. Jedes Training steht unter genau zu beschreibenden allgemeinen Gesetzen. Es kann mit geringen Abweichungen von jedermann übernommen werden, und es wird nach ganz bestimmten festen Regeln ausgeübt. Training kann in großen Gruppen, kann auf Kommando durchgeführt werden, Training kann sogar exerziert werden.

Training ist eine wichtige Art der Allgemeinerziehung, die den Menschen in die Lage versetzt, sich bestimmte Fertigkeiten, bestimmte Behendigkeiten, bestimmte Kräfte zu erwerben.

Wenig bekannt ist, daß es neben den Trainingssystemen, die sich mit dem Körper befassen, auch Systeme des geistigen Trainings gibt, bei denen gleichfalls nach genauen Regeln die Kräfte auf bestimmte Ziele hin geweckt und geübt werden.

Jede Trainingsmethode hat ihre besonderen Vorzüge. Mit jedem Training ist mindestens im Anfang eine Steigerung der Kräfte und eine Verlebendigung des Menschen verknüpft. Der Fehler, der von den meisten Trainern und von fast allen Trainierenden gemacht wird, ist der, daß nicht vom Menschen aus und zum Menschen hin trainiert wird, sondern von einem Kräftezustand aus zu einer Leistung hin. Wenn der Trainierende nur die hundert Meter in der vorgeschriebenen Sekundenzahl läuft oder eine halbe Stunde Dauerlauf durchhält, so ist damit das Trainingsziel erreicht, und das übrige kümmert den Trainer und den Trainierenden wenig.

Es zeigt sich nun, daß für junge Menschen, die, wie wir sahen, sehr häufig ganz passiv sind, deren Kräfte zumeist noch schlummern, die Anregung durch das Training sehr gute Ergebnisse hat. Voraussetzung ist dabei allerdings, daß das Training ergänzt wird durch Übungen, die den ganzen Körper betreffen.

Für ältere Menschen aber, die ganz in einem Beruf mit seinen kräftefressenden Anstrengungen aufgegangen sind, ist das Training selten ein wirkliches Glück. Nur im Anfang fühlt sich ein solcher Mensch im Training wohl. Bald aber merkt er, daß ihm die harte körperliche Anstrengung nicht etwa das Gleichgewicht gegenüber der geistigen Anstrengung gibt, sondern daß auf die eine Anstrengung im Geistigen eine andere Anstrengung im Körperlichen gesetzt worden ist. Er wird es merken, sobald der Reiz des Ungewohnten, der jedem Menschen wohltut, vorbei ist. Er wird merken, daß er, statt im körperlichen Training Kräfte zu sammeln für seine geistige oder seelische Arbeit, sich nun körperlich, geistig und seelisch gleichzeitig ausgibt und so schließlich einer Kerze gleicht, die an beiden Seiten brennt.

Der ältere Mensch stellt diese Überanstrengung gewöhnlich bald fest. Er wird dann das Training meist aufgeben, da er sich »ihm nicht gewachsen fühlt«. Er wird glauben, daß die Kräfte eben doch nachlassen, daß der Abstieg begonnen hat. Das ist ganz falsch. Training ist nur meist nicht das Mittel, durch das ein überanstrengter Mensch seine Kräfte wiederbekommt. Mindestens kann der Mensch der reifen Jahre nicht mehr mit dem Training allein auskommen. Training ist nur nützlich, wenn es gilt, in kurzer Zeit bestimmte Spitzenleistungen zu erreichen, und es ist auch dann nur nützlich, wenn es auf dem Boden einer sorgfältigen Übung erwächst.

Die Arbeitsform des reifen Menschen, der sich vervollkommnen will, ist die Übung. Übung ist im Gegensatz zum Training niemals auf die Sonderleistung hin ausgerichtet, sondern immer nur am Menschen orientiert. Das Gleichgewicht des Menschen und die stete Vervollkommnung sind die Ziele der Übung. Übung ist immer vielseitig und versucht, den Menschen von mehreren Seiten gleichzeitig anzupacken.

In unserem Leben, das den Menschen durch den soziologischen Aufbau zwangsmäßig zur Einseitigkeit treibt, ist Übung genauso notwendig, wie die Hygiene notwendig ist. Wie die Hygiene uns gegen gewisse Schädigungen des zivilisatorischen Lebens, der Menschenmassierung, schützt, so schützt uns die Übung gegen die Schäden der soziologischen Einseitigkeit (die der Mensch zumeist noch durch eigene Einseitigkeit vermehrt). Je vielseitiger ein Mensch ist, um so weniger Übungen braucht er zu machen, und je einseitiger er ist, um so mehr Übung braucht er.

Natürlichen Kindern kann und braucht man nicht mit Übung zu kommen. Wenn man sie nicht stört, üben sie mit einem ungeheuren Temperament und einer erstaunlichen Vielseitigkeit alle ihre Kräfte, und wenn es gelingt, sie ungestört von den einseitigen Meinungen und Idealen der Erwachsenen, ungestört von ihren abwegigen Auffassungen über die Pflichten der Kinder (als wären sie kleine Erwachsene) großzukriegen, so bleiben sie in der natürlichsten Weise in der Übung, in der vielseitigen Verwendung aller ihrer Kräfte.

Da aber die Kinder zumeist gestört werden, brauchen sie schon nach kurzer Zeit ihre Übung, und es darf angemerkt werden, daß es sehr schwer ist, Kinder zu Übungen zu kriegen, während man sie außerordentlich leicht zum Training kriegen kann. Das macht, der Ehrgeiz ist eine der frühesten menschlichen Triebfedern, und zwar eine, die man, wenn man älter wird, mehr und mehr ausschalten kann und sollte.

Auch der Erwachsene kommt nur schwer zu einer regelmäßigen und umfassenden Übung seiner Kräfte. Natürlich liegt es daran, daß die meisten Menschen keine Zeit haben. Dann aber daran, daß sie Kinder bleiben und deshalb lieber Champions und Matadore in einzelnen Sportarten sein wollen, Spezialisten kleiner körperlicher Fähigkeiten, lieber Kunststückemacher als gut durchgebildete Menschen. Darum spielen sie (obwohl sie doch keine Zeit haben) Tennis oder Hockey bis zur Perfektion (und behalten einen unausgebildeten linken Arm), sie laufen Schlittschuh, nicht um ihr Gleichgewicht zu lernen und ihr Rückgrat beweglich zu machen, sondern um mit kühnen Figuren einen Kreis bewundernder Zuschauer um sich zu versammeln. Sie laufen Ski, nicht um die Herrlichkeit des Schwebens und Schwingens kennenzulernen, nicht um in die Einsamkeit der verschneiten Wälder zu gelangen, sondern um anderen Menschen einen gestemmten Christiania vormachen zu können.

Für die meisten Menschen ist erst nach der Lebenswende, wenn der Ehrgeiz kleiner und der Durst nach einem lebendigen Leben größer geworden ist, die Zeit zur Übung gekommen. Dann kann man den Menschen dazu veranlassen, sich wirklich eingehend mit den außerordentlichen Kräften und Möglichkeiten zu befassen, die ungehoben in ihm liegen. Dann erst vermag er zu erkennen, wie schnell selbst ein gekrümmter, vom Leben geschundener und eingeengter Körper wieder geradegerichtet und zu seinen Kräften gebracht werden kann.

Er vermag das Bild zu erkennen, das in unsichtbaren, aber in der Übung ertastbaren Strichen in ihn eingezeichnet ist: das Bild der Vollkommenheit.

Dieses jedem Menschen vorschwebende Bild, dieses immer wieder erschaute und immer wieder verdunkelte Bild, dieses eidolon oder Ideal ist es, das nun mit der Übung, mit den Übungen angegangen wird. Von der Schau her durch die Übung nähert man sich dem Bild, und dieses Bild ist gleichzeitig etwas Geistiges, etwas Körperliches und Seelisches. Von der Schau her, von der Ein»bild«ung her, wird die Übung geleitet.

Viele und sehr bedeutende Menschen glauben nun, daß die Ein»bildung« des eidolon als ein rein geistiger oder rein seelischer Erweckungsprozeß herbeigeführt werden kann. Es ist natürlich möglich und ist in seelisch durchgebildeten, körperlich und geistig primitiven Völkern des Ostens vielleicht sogar häufig, daß die Bildvorstellung wie ein Blitz den Menschen durchfährt und ihn entflammt.

Zumeist aber hindert der Körper den Menschen durch seine Dumpfheit, durch seine mangelnde Leitfähigkeit und Bildefähigkeit, durch seine fehlende »Einbildungs«kraft an dieser Entzündung. Die von der Zentrale ausgehenden Willensströme und Bildströme werden irgendwo im Körper aufgefangen. Sie bleiben an einer undurchgebildeten Stelle stecken.

Der Zweck der Übung

1. Zweck der Übung ist es, den Körper leitfähig zu machen für die Impulse, die vom »leitenden Ingenieur des Organismus«, von der Bildezentrale, dem eidolon, ständig ausgehen. Treffen diese Impulse stets auf schlechte Leitungsbahnen, so bleiben sie nicht nur unwirksam, sondern schlagen nach innen zurück und verursachen jene Unruhe und Melancholie, die die Grundhaltung des ungeübten älteren Menschen bestimmen.

2. Der Zweck der Übung würde viel leichter zu erreichen sein, wenn das Gefühl für menschliche Vollkommenheit verbreiteter wäre oder wenn doch wenigstens überall dort vollkommene Körperlichkeit verlangt und eingesetzt würde, wo sie als Vorbild wirkt.

Welch eine Fülle erziehlicher Anregungen könnte von den Schauspielern auf der Bühne und im Film ausgehen, wenn sie erzogene, gestaltete, gebildete Körper hätten! Wieviel Erziehung könnte vom Sport ausgehen, wenn dort nicht nur nach der meßbaren Leistung, sondern auch nach der Körperform geurteilt würde! Wieviel wäre für die so wichtige Beseelung, Vergeistigung, Vermenschlichung der Menschenstimmen geschehen, wenn an allen Sendern der Welt die Knarr- und Katarrhstimmen durch klare, menschliche, tönende Stimmen ersetzt würden! Die Bühnen- und Filmschulen, die Sprech-und Gesanglehrer haben hier unübersehbare Aufgaben.

3. Da zunächst die Vorbilder fehlen, da es noch keine allgemeingültigen Maßstäbe für die menschliche Körpervollkommenheit gibt, muß jeder Mensch auf die Suche nach seinem eigenen Bild gehen. Das ist für jugendliche Menschen sehr schwer, weil sie auf ihrem Recht bestehen, sich Vorschriften und Vorbilder machen zu lassen, weil sie gern anbeten oder verdammen und nicht so gern selber etwas hinstellen. Für den Menschen in der Reife ist es nur gut, wenn er gezwungen wird, nach dem Eigenbild zu suchen.

4. Im Weisheitsgut aller Völker finden wir Ansätze der Übung, die als tägliche, unabdingbare Arbeit des Menschen an sich selbst verlangt wird. In den kultischen Tänzen, in den religiösen Gesängen, in den Gebetsübungen ist die Arbeit des Menschen an sich selbst zum Dienst an einem höheren Wesen geworden.

Die Religionshistoriker mögen untersuchen, wie es kommt, daß die Erstarrung der kultischen Bewegungen, die immer geringere körperliche Aktivität in den Religionsübungen oft parallel läuft mit der Erstarrung der gesamten Religion, ja mit der Erscheinung, daß Religion und Leben sich trennen.

Die heutigen Religionen bringen den Menschen nicht mehr dazu, sich täglich in bestimmten Übungen zu erschüttern, zu aktivieren, mit Kraft zu erfüllen. Deshalb muß der Mensch selbst für die Übung sorgen.

Umriß einer Übungspraxis

1. Die Praxis der täglichen Übung sollte und könnte in einer umfassenden Gymnastik gelehrt und erarbeitet werden. Leider wird statt dieser Praxis, statt der Anleitung zu selbständiger Übungsarbeit, in den meisten Gymnastikschulen ein bestimmtes, ein orthodoxes (also für Jugendliche ausreichendes) System verabreicht, nach dem zwar der oder jener Vorteil erreicht werden kann, der oder jener Fehler verbessert wird, aber die entscheidende Ausgangshaltung für die Übung nicht erlangt werden kann.

2. Diese Ausgangshaltung besteht in der Bereitschaft zur ständigen, aktiven Bemühung um die menschliche Höchstleistung, um die individuelle und nur in individueller, persönlicher Arbeit zu erreichende Vollkommenheit.

In gemeinsamer Arbeit, in großen Zirkeln und Gemeinschaften kann man das Gefühl für die Vollkommenheit wohl immer wieder anfachen und aufwecken. Aber die Vollkommenheit selbst kann nur erreicht werden von jedem einzelnen in einsamer, täglicher, besonderer Arbeit.

3. Im allgemeinen wird jeder Mensch anfangs durch einfache und gewissenhafte Übungen den Verbildeprozeß seines bisherigen Lebens rückgängig machen müssen. Man beginnt – bei diesen einfachen Anfängen ist eine Gemeinschaftsarbeit bei einem Lehrer gut und nützlich – mit einer Geraderichtung des Rückgrats, das zumeist verbogen ist und dessen Verbogenheit die Bewegungsfähigkeit des Menschen lähmt und seine Leistungsfähigkeit vermindert. Ein Blick in ein anatomisches Lehrbuch, eine kurze Übersicht über die Fülle der im

Rückgrat auslaufenden und einlaufenden Nerven belehrt jeden, warum Rückgratsarbeit wichtig ist.

Die Einfügung des Beckens in die Aufrechterhaltung sollte vor allem von Frauen dauernd geübt werden. Aber sie ist auch für Männer mindestens aus Gründen der Ästhetik (Bauch!) nützlich. Der Nacken, meist zu weit vorgebeugt und infolge von Bewegungslosigkeit mit einer Fettschicht umpanzert, muß gleichfalls in die Körpergerade hinein.

Die einzelnen Übungen, die hierzu nötig sind, kann man in jeder Gymnastikschule erfragen und für sich zurechtstutzen. Man kann aber auch selbst auf diese Übungen kommen und sie dadurch reichhaltiger gestalten, als sie im allgemeinen in den Schulen verabreicht werden. Man muß sich dann nur vorurteilslos und lange genug im Spiegel betrachten. Und man muß die Geraderichtung ebenso zart wie zäh betreiben. Alles Zerren, alle Heftigkeit und Ungeduld nützt nichts. Verzerrt, heftig und ungeduldig sind wir sowieso.

4. Haltung bedeutet im Wortsinn sowohl etwas Geistig-Seelisches wie etwas Körperliches. Die richtige Haltung des Menschen, der seinen Kopf königlich, seinen Brustkorb geschmeidig und erhaben trägt, der sein Becken in der Körpergeraden schwingen läßt (statt damit die übliche sexuelle Wackelei zu veranstalten), garantiert ihm ein wohltätiges Selbstbewußtsein, und aus dem Selbstbewußtsein den Erfolg im Leben.

5. Mit Geraderichten allein ist es nicht zu schaffen. Der Mensch erstarrt schon in frühester Jugend durch Nachahmung der üblen Gewohnheiten seiner Vorfahren, durch törichte Erzieher, durch mangelnde Vorbilder so sehr, daß das freie Strömen des Blutes, die ungehinderte Innervation unmöglich gemacht wird. Aus dieser Starrheit, die bei dem einen im Brustkorb, bei dem anderen in den Beinen, bei dem dritten im Beckengürtel sich einnistet, kommt man nur durch sehr viele Vibrationen und Massagen heraus.

Man soll diese Massagen nicht von anderen vornehmen lassen, weil das wieder passiv macht. Jeder Mensch kann sich selbst massieren, indem er sich durchklopft, sich durchknetet, bis er die Haut überall fast so abziehen kann, wie man der Katze das Fell am Nacken abzieht. Man kann sich auch mit Bürsten schlagen, mit Handtüchern frottieren, mit Seesand abreiben. Die Hauptsache ist, daß man täglich diese äußeren Erschütterungen anwendet.

Danach kommen die zarteren, aber nicht weniger heftigen Vibrationen, die auf eine leisere, dafür um so wirksamere Art den ganzen Menschen aufzuwecken in der Lage sind, die sich vor allem wohltätig auf den ganzen Nervenzustand auswirken. Die Vibrationen kann man im Prinzip in einer halben Stunde bei jedem guten Gymnastiklehrer lernen und dann in der besonderen, für jeden einzelnen Organismus verschiedenen Form anwenden.

Schließlich muß die »Vibration von innen« begonnen werden, die am ehesten durch den Atem und durch die menschliche Stimme erreicht wird.

6. Über die Atmung wird seit etwa einem Jahrzehnt viel geredet und nicht genug gearbeitet. Die Grundlagen einer guten Atmung sind von jedem Menschen, der sich zu konzentrieren weiß, in wenigen Stunden zu erlernen. Eigentlich muß man nur wissen, daß es nicht auf den pompösen, auf und ab wallenden Brustkorb ankommt, sondern auf die volle und sanfte Lungenatmung. Das muß betont werden, weil es immer noch Dilettanten gibt, die sogar in großen Konversationslexika schreiben dürfen, daß es eine Bauchatmung, eine Brustatmung und eine Flankenatmung gibt, und die im übrigen auf dem ziemlich gleichgültigen Brustumfang bei Ausatmung und Einatmung herumreiten.

Die Atmung kann nur sehr leise und zart angesetzt werden, und wenn man es fertig bekommt, sowohl die Ausatmung wie die Einatmung zu vergrößern, den natürlichen, kreatürlichen Atem zu einem menschlich vollkommenen Atem zu erweitern, so hat man grundsätzlich alles erreicht, was zu erreichen ist. Man hat dann ein Mittel in der Hand, das sowohl im Seelischen wie im Körperlichen wie im Geistigen ausgleichend, harmonisierend wirkt, das Kräfte aus den Reservoiren der Tiefe, aus den Bergwerken des menschlichen Organismus heraufholt und die Verbindung zwischen Körper, Geist und Seele auf die einfachste Art herstellt.

7. Die Atemübungen, die man täglich wenigstens zweimal fünf Minuten machen sollte, erweitern sich nahezu von selbst zu kleinen Stimmübungen. Im Summen und schließlich im Singen hat der Mensch einmal die Mittel, seine Atmung zu erweitern, zum zweiten aber jene leise, feinste Vibration, die von innen her die notwendigen, winzigen Erschütterungen aussendet. Der ganze menschliche Organismus, jede einzelne Zelle, ist auf dem Prinzip schnellster und feinster Vibrationen aufgebaut.

8. Vibration und Schwingung sind Grundgesetze des Lebendigen. Es ist deshalb nötig, den Körper dauernd in Vibration und Schwingung zu erhalten. Tut man das nicht von innen her, so muß man es wenigstens von außen her tun, und dreiviertel aller Dummheiten der Menschen, Tollköpfigkeiten, Liebesabenteuer, Alkoholexzesse und so weiter beruhen darauf, daß der gequälte Organismus, der erstarrte und verkalkte Mensch unbedingt zu Vibrationen und Schwingungen kommen will und sie nirgends anders erhalten kann als im Bereich dieser sogenannten Abenteuer.

9. Wer einmal in die Praxis der Übung hineingekommen ist, wer begonnen hat, seine Glieder geradezurichten, zu der in ihnen liegenden Vollkommenheit zu bringen, der wird rückwirkend auch wissen, daß man zu einer körperlichen Vollkommenheit und damit zu einer seelischen Leichtigkeit und geistigen Durchdringungskraft nicht kommen kann, wenn man sich in der gleichen Weise ernährt wie bisher. Ohne den Streit zwischen Fleischlern und Vegetariern neu entfachen zu wollen, darf man feststellen, daß die Vegetarier, auf die Lebenslänge gesehen, eher zu dauernden Leistungen kommen, ohne sich frühzeitig zu verbrauchen und zu verkrampfen.

Wenn man in die Jahre der Reife gekommen ist, muß man bestimmt viel weniger essen als man aß, viel abwechslungsreicher essen und viel konzentriertere und leichtere Dinge. Also weniger Fleisch, kein Brot, wenig Fett, dafür mehr Obstsäfte, Gemüse.

10. Täglich fünf Minuten Übung ist besser als wöchentlich zwei Stunden. Täglich zehn Minuten viermal so gut wie täglich fünf Minuten. Es kommt aber nicht darauf an, möglichst lange und viel zu üben, sondern eben täglich und intensiv.

11. Wer nach einiger Zeit der Übung merkt, daß er einseitig übt, sollte einen Lehrer aufsuchen, um in eine neue Richtung hineingebracht zu werden. Man suche, wenn man kräftig genug ist, nacheinander alle Verfertiger von Patentrezepten und Allheilmitteln auf. Die Rückgratspfleger, die Kompressenmacher, die Obstsaftkurer, die Lehmanhänger, die Atmer, die Summer, die Sänger, die Zwerchfellenthusiasten. Fast jeder dieser Lehrer hat gewisse Dinge probiert und erlernt, und man kann sie von ihm lernen. Man muß aber die Kraft behalten, wegzugehen, ehe man der von jedem dieser Lehrer vorgetragenen Überzeugung verfällt, daß allein von seinem Heilmittel aus jeder Mensch und die ganze Menschheit geheilt werden kann. Orthodoxie ist nirgends schädlicher als im Körperlichen. Man muß sich die Frische unvoreingenommenen Probierens erhalten.

12. Wir wollen nicht einige Kräfte entwickeln, sondern alle. Wir wollen nicht einseitig werden, sondern vielseitig. Denn durch Einseitigkeit, durch die Entwicklung nur weniger Kräfte, Gaben und Talente kamen wir in die Krise und in die Krisen des Lebens hinein. Durch Vielseitigkeit wollen wir sie überwinden.

Wen die Götter lieben,
den lassen sie reifen.

Biologische und metaphysische Kräfte

Wir sahen, daß der Mensch in die Krise hineinkommt, weil er nur einige seiner Kräfte gebraucht, weil er nur einige Gaben und Talente einsetzt, weil er ein einseitiges Leben führt und es dem lieben Gott oder der klugen Natur überläßt, die Gegengewichte gegen die Einseitigkeit zu finden.

Nun ist die Natur im allgemeinen und die Natur jedes Menschen im besonderen ein Wunderwerk an Kraft und Zähigkeit. Aber dem unsinnigen, einseitigen Leben des Durchschnittsmenschen ist sie bei aller Kraft und aller List nicht gewachsen. Bis zum vierzigsten Jahr wird das Gleichgewicht, auch des Einseitigsten, zumeist schnell wiederhergestellt. Bis zum vierzigsten Jahr reichen die wenigen eingesetzten und an die Oberfäche des Menschen gebrachten Kräfte so weit, daß er wenigstens sein Leben fristen kann.

Mit den wenigen Talenten und Gaben, die er ausbildet und trainiert, kann er zur Not leben. Kommen noch ein paar zufällige Geschenke der Natur dazu, hat der Mensch, wie man sagt, Glück, so kann er ein leidliches Leben führen.

Um die Lebenswende herum aber sind diese oberflächlichen Gaben und Talente aufgebraucht. Man kann auch sagen: die Talente kommen mit in die Krise. Mit einemmal ist der Talentierte unbegabt. Ihm fällt nichts mehr ein. Er hat keine neuen

Ideen. Er wiederholt sich und macht sich selbst nach. Wir treffen sie überall, diese Affen ihrer Jugend. Sie sind schuld daran, daß man geglaubt hat, daß Begabungen sich nur in der Jugend auswirken und mit ansteigendem Alter absinken. Auch die Schönheit ist um die Lebenswende aufgebraucht. Die mit Schönheit begabten Menschen werden genauso häßlich, welk und formlos wie die »Schönheitsunbegabten«, die Häßlichen. Die Wohlgestalteten haben die ihnen von der Natur geschenkten Gaben verbraucht. Nun müßten sie sich die Erhaltung und Erweiterung der Schönheit erarbeiten. Aber gerade die schönen Menschen wollen meist nicht arbeiten. Die Götterlieblinge, die Bevorzugten schlafen leicht ein auf dem Thron der Begabung, werden faul und passiv. So kommt es sehr häufig, daß nach der Lebenswende die scheinbar Unbegabten, die beinahe Unansehnlichen, plötzlich in Front gehen, die Begabten und die Schönen überholen, Leistungen und Selbstformungen hervorbringen, zu denen die anderen nicht mehr fähig sind.

Diese Unbegabten und Unbegnadeten haben immer mit der Kargheit ihres Daseins rechnen und kämpfen müssen. Sie haben immer aus wenigem so viel machen müssen, daß sie sich behaupten konnten. Sie haben ihre Kräfte immer anspannen und üben müssen. Sie haben damit immer mehr Kräfte bekommen, magnetisch immer neue Kräfte angezogen, die ihnen nun zur Verfügung stehen.

Diese Unbegabten oder, besser, die Spätlinge unter den Talenten, erweisen sich oft als besonders originelle und sichere Begabungen, als besonders kräftige Exemplare Mensch. Die Schattengänger des Schicksals, die sich nicht haben unterkriegen lassen, verwirklichen meist als erste die eigentliche Möglichkeit der reifen Jahre, die selbständige Haltung in einem selbständigen Leben.

Damit soll nun wieder nicht ein Hymnus auf die Herrlichkeit des schweren und notvollen Lebens gesungen werden. Es soll nicht gesagt werden, daß man eine beschattete Jugend haben muß, um ein ganzer Kerl zu werden, oder gar, daß man jungen

Menschen künstliche Schwierigkeiten machen muß, damit sie sich später einmal durchsetzen. Ich wollte nur die einfache Tatsache festhalten, daß Menschen, die gewöhnt sind, sich alles selbst zu erwerben und zu verdanken, am ehesten auch im etwas rauheren Schicksalswind sich behaupten. Das fortwährende Hinnehmen von Gaben des Schicksals aber läßt die Begabten immer mehr Geschenke erwarten und läßt sie schließlich faul und unstolz werden. Wer immer Geschenke nimmt, nimmt schließlich auch Schläge.

Man muß, das ist der Befehl des Schicksals an die Begabten und an die Unbegabten, an die Spätlinge und an die Frühentwickelten, man muß nach der Lebenswende endlich vielseitig werden. Man muß alle Kräfte gleichmäßig entwickeln, damit man dem Schicksal der reifen Jahre gewachsen ist, damit man das ständig sich erweiternde Leben tragen, ertragen, gestalten und zur Fruchtbarkeit führen kann.

Die reifen Jahre verlangen alle Kräfte, aber sie wecken auch alle Kräfte. Kräfte, die bisher zumeist ganz unbewußt waren, entfalten ihre Wirksamkeit. Nach den biologischen Kräften, die sich ohne weiteres an jedem, auch dem passiven Menschen, auswirken, beginnen die metaphysischen Gesetze und Kräfte sich zu entfalten und an dem Menschen zu wirken, der sie aufspürt, der ihnen entgegengeht und sie an sich heranzieht.

Erwin Lieck spricht davon, daß das Wunder in der Heilkunde in dem Augenblick wirksam wird, in dem der Mensch auf eine geheimnisvolle Weise an den »leitenden Ingenieur« des Organismus herankommt, und Gottfried Benn nennt diesen leitenden Ingenieur das innere Prinzip der Dinge, »das Herz aus Seele, an dem man sterben kann, wie an einem Fels, der auf einen niederfährt«.

Ich möchte dieses Prinzip die Zentralinstanz nennen und weiß dabei, daß es auch nur ein Wort ist für ein Wirkendes, das wir nicht näher bestimmen können, dessen Kräfte wir aber in ihren Auswirkungen kennen, und das wir sogar benutzen können, weil wir die Gesetze seines Wirkens kennen.

Von selbst nun, so scheint es, untersteht der Mensch nur den biologischen, den natürlichen Kräften. Von selbst kommt der Mensch nicht an die Macht über die metaphysischen Kräfte. Von selbst wird er gelebt und lebt nicht. Von selbst fährt er auf dem Strom des Lebens und kann nicht einmal das Tempo der Fahrt bestimmen. Erst wenn die gestaltende Zentralinstanz, der leitende Ingenieur, eingreift, kommt man vom Gelebtwerden zum Leben, kommt man von der sogenannten natürlichen Abwicklung des menschlichen Lebens zu seiner menschlichen Gestaltung. Die Übung ist die Voraussetzung für das Wirken dieses inneren Prinzips. Ich behaupte nicht, daß man durch Übung allein das innere Prinzip, die auch von den metaphysischen Kräften gestaltete Lebensform, erreicht. Aber wer sich nie übt, in dem kann das innere Prinzip nicht voll wirksam werden.

Um die Formung von innen her, um die Selbständigkeit des Menschen ganz durchzusetzen, braucht es allerdings noch viele Kräfte, viele Bemühungen.

Die Askese

Ein Mittel der Formung, dessen sich nahezu alle bedeutenden Menschen aller Zeitalter bedient haben, ist die Askese. Jeder Mensch kann schließlich zu seinen innersten Kräften nur vordringen, wenn er sich zeitweise der kräfteraubenden und zerstreuenden Dinge enthält. Wenn er zum Beispiel zeitweise seinem Körper dadurch Ruhe gönnt, daß er ihn nicht mit Speisen und Getränken belästigt. Die Enthaltung von jeder Art Nahrung ist nicht nur eine hygienische Maßnahme, durch die der Körper zur Ordnung gerufen wird, durch die er in die Lage versetzt wird, das Überflüssige abzubauen. Sie ist auch eine Maßnahme, die es dem Menschen wieder gestattet, sich auf seine innersten Notwendigkeiten zu versammeln, seine feineren Sinne wieder zu gebrauchen.

Durch Fasten wird der Mensch, der zumeist im Wortsinne etwas stumpfsinnig ist, wieder feinsinnig. Er wird hellhörig auch für die inneren Stimmen, hellsichtig auch für die nicht materiellen Dinge. Seine Intuition stärkt sich. Die Gabe der Identifikation, der völligen Erfassung fremden Schicksals durch die innere Gleichschaltung, die Gabe der Verwandlungsfähigkeit des Menschen in alle ihm eingeborenen Gestalten des eigenen Schicksals, wird wieder hervorscheinen. Ja sogar die Gabe der Vorausschau wird sich wieder zeigen, wenigstens der Vorausschau auf die eigene Existenz. Man wird genau wissen, welchen Weg man gehen muß.

Zur Askese pflegt auch die völlige Enthaltsamkeit im Sexuellen zu gehören. Sie ist sogar bekannter als die Enthaltung von der Nahrung. Sie wird von manchen Menschen aus innerer Überzeugung freiwillig, sie wird unfreiwillig von vielen Menschen geübt. Hierbei zeigt sich nun besonders deutlich der geistige, der nicht materielle Zug der Askese. Unfreiwillige Askese, erzwungene Enthaltsamkeit nützt wenig. Wer zum Beispiel hungern muß, weil nichts zu essen da ist, wird dadurch niemals innerlich oder äußerlich gefördert werden, sondern nach kurzer Zeit unter schrecklichen Qualen verhungert sein. Wer aber zu einem bestimmten Ziel hungert, dem wird von Tag zu Tag leichter werden, dem wird es sogar von Tag zu Tag angenehmer, nichts zu sich nehmen zu müssen.

Das gleiche gilt von der geschlechtlichen Enthaltsamkeit. Wird sie erzwungen, kommt sie durch Mangel an Gelegenheit oder Mangel an Kräften zustande, so vergiftet sie den Menschen, macht ihn kraftlos, unruhig, unproduktiv. Freiwillige Enthaltsamkeit aber kräftigt nicht nur den Menschen, sondern sie macht ihn auch fröhlich, zufrieden, produktiv.

Seltsamerweise sind die Kräfte, die in der Askese stecken, im Abendland fast unbekannt. Der Durchschnittseuropäer pflegt sie mitleidig als eine Sache von Schwachblütlern und Kaltköpfen abzulehnen. Er lehnt sich gegen ein mißverstandenes Christentum auf, das in der Unterlassung allein schon ein Verdienst sah, im Verzicht oder im Opfer schon einen Anspruch auf Himmelslohn erhob.

Richtige Askese kann niemals an sich betrieben werden, sondern immer nur auf ein Ziel hin. Askese gehört im Wortsinne nach (griechisch – askeo gleich: ich übe mich) in das Gebiet der Übung und will das gleiche wie Übung, daß der Mensch sich vervollkommnet und sich in den Besitz seiner Kräfte setzt.

Nietzsche, der viel über Askese nachgedacht hat, versucht im »Willen zur Macht« an zwei Stellen, die Askese in ihre natürlichen Rechte einzusetzen. »Ich will«, so schreibt er, »auch die Asketik wieder vernatürlichen: an Stelle der Absicht auf Verneinung die Absicht auf Verstärkung; eine Gymnastik des Willens.« Und an einer anderen Stelle: »Die Mittel, vermöge deren eine stärkere Art sich erhält… sich durch jede Art von Askese eine Übermacht und Gewißheit in Hinsicht auf seine Willensstärke verschaffen.«

Die Askese also gehört eigentlich in das Gebiet der Übung und gehört ganz gewiß zu einem bewußt geführten Leben. Erst der Mensch, der das Mittel der Enthaltsamkeit kennt und bewußt einsetzt, kommt an die Kräfte, die er braucht, wenn er aktiv leben will, wenn er sein Leben mit Einschluß der metaphysischen Bezirke führen will, wenn er nicht ganz einfach von den biologischen Kräften frühzeitig in Grund und Boden gelebt werden will.

In der Askese und in der Übung haben wir die Mittel in der Hand, die den Menschen aus manchem körperlichen Unbehagen, aus mancher Schwäche, aus der großen Verzagtheit der Lebenswende herausholen können.

Wir haben die Mittel in der Hand, die immer wieder an allen Gefahrenpunkten eingesetzt werden müssen und die, wenn sie auch nicht direkt die innere Zentralinstanz zu beeinflussen vermögen, mindestens doch sie fähig machen, einzugreifen.

Durch Askese und Übung vermögen wir jene Wunder des Lebens und der Leistung zu vollbringen, für die es biologische Erklärungen nicht gibt, die immer wieder in Zeiten des Rationalismus geleugnet werden, bis sie erneut offenkundig werden.

In der allgemeinen Lebensverlängerung, in der länger dauernden Jugend fast aller Menschen sehe ich gleichfalls ein solches Wunder des Willens, sehe ich die Kraft der inneren Zentralinstanz wirksam werden.

Es genügt nur noch nicht, daß dieses Wunder hier und da wirksam ist, daß hier und da die Menschen nach vierzig sich mehr und mehr entfalten. Ich möchte, daß es als ein zum Leben gehöriges Prinzip anerkannt wird, daß der Mensch nach vierzig zwar ein von seinem bisherigen Leben verschiedenes, ein anders gestaltetes Leben führt. Daß aber dieses Leben ein volles, auf nichts verzichtendes Leben ist, ein Leben, das durch die Hinzunahme neuer Verantwortungen und neuer Kräfte neue Möglichkeiten und neue Erfüllungen erwarten läßt.

Auf dem Weg zur Originalität

In seinem Buch von der »Wirklichkeit der Seele« spricht C. G. Jung in dem Kapitel »Vom Werden der Persönlichkeit« über die Unabsehbarkeit der Persönlichkeit. Er legt dar, welches Wagnis es ist, sich für die Entfaltung der Persönlichkeit einzusetzen. Er meint, es bedürfe sogar des motivierenden Zwanges innerer oder äußerer Schicksale zur Persönlichkeitswerdung. Das ist ganz und gar richtig. Der Mensch ist »von Natur aus« so organisiert, daß er zu seiner Entfaltung gezwungen werden muß. Daß er nur unter Druck zur Persönlichkeit wird, von der er gern sagt, sie sei »das höchste Glück der Erdenkinder«.

Ohne Zwang innerer oder äußerer Schicksale wird niemand eine Persönlichkeit, bleibt jeder im biologischen Strom fern von seinen metaphysischen Kräften und wird fast schicksalslos von der Gehurt bis zum Tode dahingetrieben.

Wir sahen, daß schon im Biologischen so etwas wie ein Gewissen existiert, ein Zwang, der, man könnte sagen, von jedem Organ ausgeht, das seine Vollkommenheit »will«. Schon im Biologischen steckt ein Zwang zur Vollkommenheit, der den Menschen unruhig macht, bis er sich vervollkommnet oder bis er den Zwang erstickt.

In seiner ganzen Existenz steht der Mensch unter einem ungeheuren Prägedruck des Schicksals, dem er mit der ganzen Stärke seiner Faulheit, Angst und Bequemlichkeit widersteht. Es ist höchst unbequem – darin hat Jung recht –, eine Persönlichkeit zu werden. Es ist anstrengend, aufregend und gefährlich. Man kann sich jeden Tag in den Problemen dieser Entwicklung verfangen. Man kann sich jeden Tag bei den immer gefährlicheren Gleichgewichtsübungen das Genick brechen. Aber andererseits ist es schrecklich, nicht eine Persönlichkeit zu werden, nicht »die höchste Verwirklichung der eingeborenen Eigenart des besonderen lebenden Wesens zu erreichen« (Jung).

Die Krise der Lebenswende läßt sich auch von hier aus nochmals deuten. Sie ist der letzte Appell zur Persönlichkeitswerdung. In ihr kämpft die Persönlichkeit um ihren Durchbruch. Wenn man jetzt nicht eine Persönlichkeit wird, wenn man jetzt nicht seine Eigenart entwickelt, dann ist man endgültig zur Passivität verurteilt, dann wirken sich unbarmherzig die biologischen Gesetze an uns aus. Dann altern wir, werden krumm, lahm und töricht. Dann steigen wir rettungslos und ohne Aufenthalt hinab.

Es ist vielleicht anstrengend und schwierig, durch die Krise hindurch zur Eigenart zu kommen. Aber nicht durchzukommen, ist tödlich. Eigentlich also ist die Wahl nicht so schwer. Wir müssen uns nur ganz klar sein, daß der Mensch wirklich die Wahl hat, daß er wählen muß zwischen zwei Arten von Dasein, zwischen der biologischen und der biologisch-metaphysischen oder totalen Existenz.

Die Mittel, die der Mensch gebrauchen muß, kennen wir nun.

Sie stehen jedem zur Verfügung. Man muß aber gewissen Gläubigen gegenüber betonen, daß nur selten jemand sofort oder in einem Sprung, in einer Erweckung oder in einer Erkenntnis allein, sich für immer in die neue Existenz hineinschwingen kann. Für die meisten beginnt nach der Wahl, nach der Entscheidung noch ein zäher Kampf, geht das Leben durch eine Zeit besonderer Gefahren und mühsamer Arbeit, und es bleibt das ganze Leben erfüllt von einer stets wachsamen Arbeit.

Auf der anderen Seite steckt bereits in jedem einzelnen Schritt so viel Befreiung und Belohnung, daß man doch nicht begreift, warum so wenig Menschen diesen Weg einschlagen. Vielleicht hat es den Grund, den Jung angibt, daß man sich »unvermeidlich« absondern muß »von der Unbewußtheit der Herde«, daß man sich von der Konvention befreien, daß man ein ungewöhnliches und von anderen Leben unterschiedliches Leben führen muß.

Der Mensch lebt gerne nach Überlieferungen. Er lebt gerne so, wie seine Vorfahren gelebt haben oder wie er als Kind zu leben gelernt hat. Er hängt an jeder Lebensform, die er einmal durchlaufen hat. Er hat eine rührende und gefährliche Treue zu seiner Vergangenheit und sehr wenig Mut zu seiner Zukunft.

Vergessen wir auch nicht, daß die Lebensform von früher nur ausreichen mußte für das kurze Leben bis zum vierzigsten Jahr. Nur die, die früher auch schon älter wurden, hatten die Last des Alters zu tragen und sprachen mit Seufzen davon, daß die Götter den jung sterben lassen, den sie lieben.

Jetzt, für das längere Leben, reicht die überlieferte Lebensform nicht aus. In der heutigen Welt wird der Mensch, der mit den geringen, in früherer Zeit durchschnittlich entwickelten Kräften und nach den Prinzipien der Vergangenheit lebt, einfach aufgefressen und verbraucht. Für den erweiterten Wissens- und Lebensraum genügt die bisherige Persönlichkeitsentwicklung nicht. Der Mensch braucht alle ihm eigentümlichen Kräfte in vollster Entwicklung. Er braucht außer den biologischen Kräften, die er von selbst oder nahezu von selbst hat, die metaphysischen, die originellen, die ursprünglichen Kräfte, die er sich erringen muß, nach denen er sich strecken muß, durch die er sich von seinen Mitmenschen unterscheidet und erst wieder auf einer anderen, der religiösen Ebene, sich von neuem vereint – in Gott nämlich, im Wurzelgrund der Schöpfung.

Den originellen Kräften wird durch Übung und Askese die Bahn bereitet, das Feld gepflügt. Der Mensch wird, je näher er an die inneren Kräfte herankommt, je mehr sich die innere Schau, die Intuition und Konzentration entfaltet, um so besonderer, um so kräftiger, origineller.

Das ist nicht wichtig der Originalität halber, sondern weil man unerschütterbar wird in allen Erschütterungen dieser Weltwende, wenn man an seine origo herankommt, unverwehbar in allen Stürmen der Erddrehung und durch alle Ablenkungen dieser eindruckstollen Welt nicht mehr zu zerstreuen. Der originelle, ursprüngliche Mensch bleibt eben »bei sich«. Er kommt endlich »zu sich«. Er hat seinen Urgrund, in dem er wurzelt und ankert. Er ist ein Original, keine Kopie mehr. Er ist eine Persönlichkeit, nicht mehr ein Zeitgenosse.

Gebrauche die Worte Persönlichkeit und Original nur zögernd. Denn allzu lange verstand man unter Persönlichkeit einen *rocher de bronze*, eine gußeiserne, unveränderbare Denkmalsfigur, und unter einem Original einen lebensuntüchtigen, egoistischen Schrullenkopf. Aber es ist doch wohl klar, was ich meine: den originellen, lebendigen Menschen, der in der Schöpfung wurzelt und in dem aus einer untergründigen Quelle die lebendigen Wasser strömen, der der Tiefe verbunden ist und doch in allen Entscheidungen dieser Welt lebendig mitarbeitet und mitentscheidet.

Persönlichkeit und Originalität sind nicht an eine Lebensstufe gebunden. In allen Lebensaltern kann man zur originellen Persönlichkeit werden, aber in der heutigen Welt mit ihren ungeheuren realen Forderungen sind die ersten Lebensstufen der Persönlichkeitsbildung nicht sehr günstig. Deshalb werden die meisten Menschen wohl frühestens mit der Lebenswende ihre eigene, besondere, unverwechselbare Persönlichkeitsprägung empfangen.

Hat man aber endlich die Prägung des Schicksals empfangen und in eigener Arbeit ausgearbeitet, ist man endlich unverwechselbar der geworden, der man sein sollte, dann geht man den Jahren der Reife, der weiteren Entwicklung, der weiteren Vervollkommnung mit der Freude entgegen, die ihnen zukommt.

Allseitigkeit unter Spezialisten

Übung und Askese sind die Mittel, durch die der Mensch in der Lebenswende sich seiner Kräfte bemächtigt. Übung und Askese bleiben die Mittel, durch die er in den immer wiederkehrenden kleinen Krisen und Schwierigkeiten Herr über sein Leben bleibt. Der sich immer wieder übende Mensch wird bald freudig merken, daß ihm ständig Kräfte zufließen, von denen er bisher wenig spürte. Seine Leistungsfähigkeit wird sich dauernd steigern.

Wahrscheinlich ist es, daß diese Leistungsfähigkeit sich nicht so sehr in Spitzenleistungen auf einzelnen körperlichen Gebieten äußert. Es ist wahrscheinlich (aber nicht einmal ganz sicher), daß auch in Zukunft der Mensch mit zwanzig Jahren schneller laufen wird als mit vierzig, daß er in jungen Jahren im Bühnentanz, im Boxen und im Eiskunstlauf besser sein wird als später. Wahrscheinlich wird der Vierzigjährige es niemals aufnehmen mit zwanzigjährigen Spezialisten. Das hat aber seinen Grund bei einem ganz durchgebildeten Menschen nicht in der Kraftlosigkeit oder in der Unmöglichkeit, die gleiche Sonderleistung wie der jüngere zu vollbringen, sondern darin, daß die innere Lebensform es dem Vierzigjährigen nicht mehr gestattet, sich zu spezialisieren, sich auf eine Leistung und nur auf diese festzulegen, falls es nicht einmal die Lebensnot vorübergehend verlangt.

Wer durch die große Krise der Lebenswende gegangen ist, die doch zu einem großen Teil eine Krise der Einseitigkeit ist und eine Revolution der nichtgeübten und angesetzten Kräfte, der vermag nicht mehr das verbiegende, aus dem Gleichgewicht bringende Training zu machen, das für die Spezialleistung bis jetzt noch nötig zu sein scheint.

Vielleicht kommt einmal eine Zeit, in der eine geniale Erziehung es möglich machen wird, daß Schreibtischmenschen »nebenbei« körperliche Höchstleistungen vollbringen und körperlich Höchstleistende sich mit geistigen Großtaten qualifizieren.

Der Mensch in den reifen Jahren fürchtet nichts mehr als die Spezialisierung auf eine Kraft und die Verkümmerung anderer Kräfte. Er kennt die schlimmen Folgen des Spezialistentums. Er ist recht eigentlich der all-round-Mensch, der Mensch, der sich immer vielseitig einsetzt und einsetzen kann. Von der Zentralinstanz aus vermag er die Kräfte, die ihm, dem Durchgeübten, zur Verfügung stehen, bald hierhin und bald dorthin zu dirigieren und sie wieder zurückzuziehen, wenn sie nicht mehr gebraucht werden.

Er kennt die Technik der Spannung, der Bereitschaft und der Entspannung, der kräftegebenden Ruhe. Das ist der Grund, aus dem älter werdende Menschen oft so erstaunliche Leistungen hervorbringen. Im Krieg konnte man oft feststellen, daß ältere Offiziere, vierzig- bis sechzigjährige Soldaten, es mit allen jungen Soldaten im Ertragen von Strapazen, von Märschen, von Hunger und Durst, aufnahmen und sie in der Selbstverständlichkeit des Tragens, Ertragens und Durchstehens sogar noch übertrafen. Das ist ein Beispiel für die körperlichen Möglichkeiten der reifen Jahre.

Im allgemeinen bleiben diese Möglichkeiten nur, solange der reife Mensch die Kenntnis seiner Natur und der Natur des Menschen einsetzt. Nach notwendigen Spezialleistungen zum Beispiel, nach Höchstleistungen auf einem Gebiet, muß er sich wieder ins Gleichgewicht zurückküben, muß er die Kräfte, die überbeansprucht wurden, ausruhen lassen und muß die anderen Kräfte, die ausgeruht haben, heranziehen.

Er bedarf dazu des steten inneren Gleichgewichts. Er hat das Wissen um die richtige Form seines Körpers und seines Lebens errungen, und er muß nun aufpassen, daß er stets in Form bleibt.

Das ist nur im Anfang schwierig, solange man noch von dem Glauben an die Wichtigkeit einseitiger Spezialleistungen durchdrungen ist. Hat man einmal die Vorteile und Nachteile des Spezialistentums durchschaut, so weiß man auch, daß die Spezialisten die Welt vorwärtsgetrieben haben, daß sie erstaunliche Leistungen auf allen Gebieten der Wissenschaft, der Technik und des Sports vollbracht haben. Aber man darf auch feststellen, daß alle diese Spezialleistungen, denen allzu wenige menschliche Totalleistungen das Gleichgewicht hielten, diese Welt immer wieder gefährdet haben, sie immer wieder zum Taumeln gebracht haben, zum unorientierten Fahren, zum Schliddern durch den Weltraum. Darum wird man nicht mehr in die hier und da noch übliche Anbetung des Spezialistentums einstimmen können, die unsere Epoche bestimmt und gefährdet hat und die höchstens dem Lebensalter zwischen zwanzig und vierzig zukommt.

Zwischen zwanzig und vierzig mag das Spezialistentum, das Verbeißen in eine einzige Aufgabe, in ein einziges Ziel nötig sein, um Erfolge in einer spezialisierten Welt zu haben. Später, wenn man sich durch Spezialisierung halb ruiniert hat, wenn man früh gealtert ist, dann weiß man, daß man auf diese Weise nicht zum größtmöglichen Erfolg kommt, und daß die Aufgaben, die man sich vorgenommen hat, so auch nicht am besten gefördert werden.

Ich glaube zu wissen, daß die von Spezialisten bevölkerte, zu einem großen Teil von Spezialisten regierte und ins Malheur geschickte Welt nicht in Ordnung kommen kann, solange die Spezialisierung gewissermaßen als moralisch gilt und als notwendig, um in dieser Welt überhaupt einen Platz beanspruchen zu dürfen, solange der allseitige Mensch als eine Art leichtsinniger Schwindler angesehen wird, als Dilettant, der zu nichts nutze ist.

Das Gegenteil von Spezialisierung ist keineswegs Nichtskönnerei oder Dilettantismus, wie uns die Spezialisten aller Sparten in aller Welt gern vorreden wollen. Es ist vielmehr die völlige Durchbildung des Menschen von einem inneren Zentrum her.

Wer diese Durchbildung beginnt, steckt sich ein sehr hohes Ziel. Das Ziel nämlich, möglichst auf allen Gebieten, die er angeht, die er bearbeitet, an die Leistungen heranzukommen, die der Spezialist auf seinem einen Gebiet vollbringt. Der allround-Mensch ist das Ideal von morgen, der Mensch, der auf vielen Gebieten hervorragende Leistungen zeigt, und zwar Leistungen ohne Überanstrengung, ohne Verzerrung, ohne Verlust des Gleichgewichts.

Es kann nicht mehr lange dauern, bis sich auf dem Gebiet des Sports zum Beispiel die Einsicht durchgesetzt haben wird, daß nicht nur die mit dem Zentimeterband meßbare Leistung gewertet werden muß, sondern auch – wie ehemals in Griechenland – die Haltung, in der die Leistung vollbracht wird, und die Haltung, in der der Sportsmann sich nach der Leistung befindet.

Jene Damen (und Herren), die mit verzerrten Gesichtern, mit angeschwollenen Halsschlagadern nach einem Hundertmeterlauf sich zusammengebrochen im Grase wälzen, werden dann disqualifziert werden. Man wird ihre Verzerrung gegen ihre Schnelligkeit aufrechnen.

Man wird den sterbenden Marathonläufer bewundern, der eine einmalige Leistung mit seinem Leben bezahlte. Aber man wird schließlich am meisten den bewundern, der die größte Leistung vollbringt und in dieser Leistung nicht zugrunde geht, sondern wächst und zu seiner eigentlichen Form vorstößt. Die mangelnde Einsicht in die Funktionsweise des menschlichen Organismus ist schuld daran, daß man allzusehr den unter seiner Leistung zusammenbrechenden Menschen als den Heroen der Leistung gefeiert hat.

Tatsächlich wird kaum eine vollkommene Leistung den Menschen aufzehren. »In serviendo consumor« ist das Motto eines falsch geführten Lebens. Wer seine Kräfte richtig einsetzt, verzehrt sie nicht in der Leistung, sondern vermehrt sie. Der Mensch ist kein statisches Wesen mit einer gewissen Menge von Kräften, die, einmal verbraucht, auf immer weg sind, sondern er ist ein dynamisches Wesen. Im Kraftgebrauch bekommt er Kräfte. Natürlich nur, insoweit er immer wieder durch die Heraufrufung, durch die Hervorzauberung aller Kräfte sein Gleichgewicht bewahrt, seine freie und unabhängige Haltung wiederherstellt.

Der Mensch, der bisher nicht gebrauchte Kräfte einsetzt, wird in seiner bisherigen Arbeit nicht schwächer, sondern stärker. Je mehr man kann, um so mehr Möglichkeiten der Leistungen zeigen sich an allen Horizonten. Wer sich eines ganz neuen Gebietes bemächtigt, merkt bald, daß er dadurch nicht etwa Zeit verliert, sondern daß er nur lernte, das Alte schneller und besser zu erledigen. Wer sein Leben lang als Spezialist vor einem einzigen Büropult saß, schläft langsam ein, und zum Schluß kommt es noch so, daß einer, der nie vor diesem Pult saß, einer, der das ganze Gebiet nur von außen ansieht, die entscheidende Entdeckung oder Verbesserung auf diesem Arbeitsgebiet macht zum großen Ärger unseres Pulthockers.

Es gibt tausend Beispiele dafür, daß die wachen Außenseiter die eingeschlafenen Spezialisten aus dem Sattel gehoben haben.

Wer überhaupt etwas kann, wer überhaupt weiß, was Können ist, wer irgendein Instrument, das Instrument des Körpers, des Geistes, der Seele bis zur Perfektion oder Vollkommenheit beherrscht, der wird sich sehr schnell zur Vollkommenheit auf manchen anderen Gebieten durchbilden.

Das ist sogar ein Grund, aus dem heraus für die Zeit zwischen zwanzig und vierzig (auf keinen Fall aber für die Zeit zwischen eins und zwanzig) eine gewisse Spezialisierung erlaubt sein mag. Eine Spezialisierung nach vierzig widerspricht dem Lebenssinn dieser Jahre so völlig, daß sie zu einem Erfolg kaum führen kann. Man macht vielmehr bei den Spezialisten immer wieder die Erfahrung, daß nach vierzig ihnen ihr Leben einen Strich durch die ganze Rechnung einschließlich ihrer Spezialität zu machen pflegt. Wenn der Spezialist gerade meint, zu seiner größten Leistung ansetzen zu können, so geschieht irgendein Unglück. Er wird krank, er gerät in mißliche Vermögensumstände, seine Frau läuft ihm davon, seine Familie empört sich gegen ihn... kurzum, er wird durch Niederlagen auf anderen, wie er sagt, gar nicht damit zusammenhängenden, auf den vernachlässigten Gebieten umgeworfen.

Wir haben es auch recht satt, daß die Spezialisten die Welt noch weiter in Verwirrung bringen. Daß die Erfinder, nur auf die Erfindungen starrend, allein ihr persönliches Schicksal umdichten, die Dichter, nur ihr Werk anschauend, den Untergang der Welt erfinden, daß die Philosophen Systeme aufstellen, die vielleicht ihr eigenes Leben verständlich machen, aber nicht das Leben dieser Welt. Wir wollen nicht mehr die Pastoren, die über die Ewigkeit sprechen, aber über die Ewigkeit dieser Zeit, über den Weg zur Ewigkeit nicht Bescheid wissen, nicht wissen, wie man sich in diesem Leben halten und verhalten soll.

Ich habe die Lobpreisung der Einseitigkeit satt, da wir wissen, daß von Natur aus einseitige, »echte« einseitige Menschen so selten sind wie von Natur aus einbeinige.

Alle Menschen sollten zu allseitigen Könnern erzogen werden. Eine schwierige, lohnende Aufgabe. Bis jetzt sind wir noch weit vom Ziel entfernt. Bis jetzt ist sogar die Allseitigkeit immer mehr bedroht durch die Maschinen, die den Menschen immer mehr Funktionen und Handreichungen abnehmen, die geschickter sind als der geschickteste Spezialist. Die Allseitigkeit ist bedroht von den sehr vollkommenen Organisationen des Menschen, die den Menschen immer mehr von den Sorgen um seine Existenz, von den Vorsorgen vor allem abnehmen. Die ganze organisierte Maschinenwelt steht überhaupt als Gegenwelt zum lebendigen Menschen. Fügt er sich ihr ein, wird er maschinisiert und ist verloren. Er kann sie nur überwinden, wenn er von den Maschinen und von den Organisationen lernt. Wenn er lernt, so exakt zu arbeiten, zu funktionieren wie alle diese glänzenden, gut geölten, gut gepflegten Maschinen.

Von seinen Geschöpfen, die er aufs feinste durchdacht und gefeilt, die er aufs beste durchkonstruiert, zusammengefügt hat, die er aufs sorgfältigste pflegt, sollte der Mensch lernen, wie er mit sich selbst umgehen müßte. Wenn er so viel Arbeit, so viel Sorgfalt, so viel Geist, so viel Zähigkeit, so viel seelische Vertiefung, wie er auf die Maschinenwelt verwandte, einmal auf sich verwenden wollte, dann muß es ihm leichtwerden, sowohl mit sich selbst als auch in der Folge mit der wildgewordenen, unharmonischen, ungleichgewichtigen Welt fertigzuwerden.

Notwendige Einschränkung: Gründe und Grenzen des Spezialistentums

In einem Aufsatz von Hellwag in dem Werk »Die Welt im Fortschritt« findet sich folgende selbstbiographische Notiz des japanischen Malers Hokusai:

»Seit ich sechs Jahre alt war, habe ich die Manie, die Formen der Dinge nachzuzeichnen. Gegen fünfzig Jahre habe ich eine unendliche Menge von Zeichnungen veröffentlicht. Aber alles, was ich vor dem Alter von siebzig Jahren geschaffen habe, war nicht der Rede wert. Im Alter von dreiundsiebzig Jahren habe ich etwas von der Natur der Tiere, der Kräuter, der Bäume, Vögel, Fische und Insekten begriffen. Folglich werde ich mit achtzig Jahren noch mehr Fortschritte gemacht haben. Mit neunzig werde ich das Geheimnis der Dinge durchschauen. Mit hundert Jahren werde ich entschieden einen Grad von wunderbarer Vollkommenheit erreicht haben, und wenn ich hundertzehn Jahre zählen werde, wird alles von mir, sei es auch nur ein Strich oder ein Punkt, lebendig sein.«

Diese selbstbiographische Notiz ist ein schönes Beispiel dafür, wie ein Mensch mit zunehmendem Alter seine Kräfte mehr und mehr steigert und zu einer immer besseren Leistung kommt. Auf der anderen Seite illustriert sie die Möglichkeit, die in einer Spezialisierung, in der Durchbildung bis zur Perfektion liegt, ausgezeichnet.

Jeder, der versucht, etwas möglichst vollkommen zu machen, wird bald erkennen, daß die Schwierigkeiten jedes Berufes, jedes Handwerks, jeder Kunst nahezu unendlich sind. Es erfordert scheinbar die Kräfte eines ganzen Lebens und einer ganzen Existenz, wenn man auch nur im beschränkten Bereich eine Vollkommenheit erreichen will. Je tiefer man in ein Gebiet eindringt, um so weiter dehnt es sich. Das Ende einer Kunst oder eines Könnens kann man so wenig erlaufen wie den Horizont. Niemals hat selbst der vollkommenste Meister ausgelernt. Immer kann man etwas noch besser, noch vollkommener beherrschen.

Ist das alles nicht geradezu eine Ehrenrettung des Spezialistentums? Ist es nicht wirklich besser, sich einer Sache und nur dieser zu bemächtigen, die eine Sache und wenigstens diese zu beherrschen, statt in hundert Gebieten oberfächlich herumzupfuschen?

Die Frage ist fallenstellerisch geschickt unausweichbar so gefaßt, daß die Antwort klar ist. Ein Könner auf einem Gebiet ist besser als ein Nichtskönner auf vielen Gebieten. Aber die Frage ist leider auch falsch gestellt. Es kommt nämlich auf das Ziel an, das man für das Leben aufstellt. Lebt der Mensch, um eine Leistung zu vollbringen, oder lebt er, um ein beispielhaftes Leben zu entfalten? Das ist die große und noch nie ganz entschiedene Streitfrage. Ich glaube, daß man jetzt sagen darf: Der Mensch ist sicherlich nicht für eine einzige Leistung geboren, sondern um lebendig und nach allen Seiten hin zu leben. Die wirklich vollkommene Leistung aber kann in einem solchen Leben enthalten sein. Ja – Vollkommenheit wächst fast stets nur auf einem allseits durchpflügten Acker. Ein Mensch, der immer nur auf ein Ziel hinarbeitet, der immer nur eine einzige spezialisierte Sache meint und will, eine einzige Erfindung etwa, ein einziges Werk, dieser Mensch wird zwar sein Ziel meist erreichen, aber er wird es mit seinem Leben bezahlen, wenn es ihm nicht gelingt, gegen die Einseitigkeit irgendwelche lebendigen Gegengewichte zu finden. Findet er die nicht, so wird er fast nie, selbst nicht auf seinen Spezialgebieten, die ersehnte Vollkommenheit erreichen.

Deshalb wäre allen Spezialisten und allen Könnern wenigstens eine Verbreiterung ihrer Lebensbasis, wenigstens eine dilettantische Entwicklung auf vielen Gebieten des Lebens zu wünschen. Wenigstens jene Interessen, die, wie man richtig sagt, der »Erholung« dienen, dem Zurückholen der versackten, versunkenen, der im Nichtgebrauch erstickten Kräfte.

Im Leben fast aller bedeutenden Menschen spielen die Dilettantismen, die scheinbar fruchtlosen Spielereien, eine große Rolle. Wie sie im einzelnen aussehen, ist ziemlich einerlei. Einerlei, ob man reitet oder Geige spielt, gärtnert oder Briefmarken sammelt, Berge steigt oder Grammophon spielt, tischlert oder schwimmt... wichtig ist nur, daß ein Gegengewicht gegen die übergroße Wichtigkeit des Berufs und der Berufung gefunden wird und das im Speziellen vertrocknende Leben rettet. Geniale, begabte, natürliche Könner spüren das, und es ist beinahe erheiternd anzusehen, mit welch riesigem Aufwand an Kraft und Energie die großen Spezialisten oder Virtuosen ihre Liebhabereien betreiben, sobald sie mal entdeckt haben, welche Kräfte in allen Ablenkungen, ja selbst in Spielereien stecken (wenn nicht wieder mit gefurchter Stirn und eisernem Gesicht, wenn nicht mit männlichem Berufsernst gespielt wird). Ein genialer Mathematiker, der als Gegengewicht Schallplatten sammelte und spielte und schließlich die größte Schallplattensammlung Deutschlands besaß, und ein Wirtschaftler, der zwei riesige Zimmer mit den Schienen einer Kindereisenbahn ausgelegt hatte und wenigstens einen Nachmittag in der Woche selbstvergessen Eisenbahn spielte, sind zwei gute Beispiele von Menschen, über die man gewiß lächeln kann, deren gesunder Instinkt sich aber diese Kindereien als Lebensrettung suchte und fand.

Als Lebenshaltung ist das Spezialistentum nicht zu preisen, selbst wenn es in Einzelfällen durchführbar ist. Als Vorbilder sind die Spezialisten nicht zu gebrauchen. Denn bestenfalls, wenn ihr Leben nämlich zu einem wirklich überragenden Können vorstößt, bekommen wir den griesgrämigen Könner, den harten, egoistischen Leistungsmenschen, den Virchow, um ein hervorragendes Beispiel aus der Wissenschaft zu nennen. Schlechterenfalls aber bringt das Spezialistentum jene unzähligen, tüchtigen und menschlich unzulänglichen Leistungsautomaten hervor, die aus dem Leben eine einzige, wenig lebenswerte materialistische Leistungsprüfung machen. Um nun auf unsere Spezialfrage zurückzulenken: Der Mensch nach vierzig muß versuchen, schnellstens aus dem Spezialistentum zu entkommen, indem er seine Liebhabereien wichtig zu nehmen beginnt. Er soll nicht mehr allein in den Abendstunden mit schlechtem Gewissen der »ernsten Arbeit« die Zeit und die Kraft für die eigentlichen Interessen abstehlen. Er soll seine Liebhabereien ernst zu nehmen beginnen oder aber seine Spezialarbeit so leicht wie seine Liebhabereien. Das soll uns einerlei sein.

Festzustehen scheint uns die persönliche und allgemeine Notwendigkeit, daß in Zukunft in der mehr und mehr maschinisierten Welt, in der die Spezialarbeit zu einem immer größeren Teil von Maschinen geleistet werden wird, der Mensch nicht mehr alle Kraft in Spezialarbeit, in ein Spezialistenleben hineinstecken darf.

Wie die Liebe sich als nur eins unter vielen lebenswerten Dingen erwies, wie sie eingebaut werden mußte in das Lebensganze, so bedeutet auch die Arbeit nicht »das Leben«, sondern nur eine wichtige Sache im Leben. Sie muß dem Lebensganzen unterstellt werden und kann nur vom Lebensganzen her ihren Sinn und ihren Auftrag bekommen.

Eine materialistische Epoche konnte in der Vermehrung des Menschen allein, in der Vermehrung des Reichtums allein, in der Arbeit allein den Sinn des Lebens suchen. Die aufsteigende neue Epoche sieht einen neuen, umfassenden Lebenssinn heraufkommen, in dem alle Teilsinne und Teilziele enthalten sind.

Ich glaube, daß der Mensch nach der Lebenswende, der Mensch in der Reife, diesen umfassenden Sinn leichter begreift, ihm eher gemäß lebt, daß er dem Zeitgeist näher ist als die jungen Menschen von heute, die uns manchmal »unmoderner« erscheinen wollen, älter, mehr von früher als die älteren. Es scheint mir, daß sich der Zeitgeist heute williger in reifen Menschen ausprägt, und daß der reife Mensch, da er der Zeit gemäßer lebt, es heute leichter hat als der junge Mensch. Der reife Mensch, so meine ich, ist heute begnadet und auserwählt, wenn er die Begnadung und Auserwähltheit annimmt und sie sich erarbeitet.

DIE INNEREN STERNE

> Nicht der Saturn über uns ist es, der uns peinigt, sondern der Saturn in uns.
> PARACELSUS

Die fortwährende Änderung

Wenn wir zu dem Sternenhimmel aufblicken, der sich über unserem Leben wölbt, sehen wir, daß sich die Gegenwart schon wieder änderte, während wir in die Gedanken über die Zukunft versunken waren. Während wir die Zukunft bedachten, ist ein Stück Gegenwart unbedacht untergegangen und ein Stück der Zukunft aufgegangen.

Dies Bild der fortwährenden Änderung der Weltaspekte ohne das Zutun des Menschen hat die größte Verführungskraft in sich. »Es kommt doch so, wie es kommen muß«, sagt dieses Bild (und sagt es nicht ganz richtig). Es hat aber auch die größte Trosteskraft in sich. Denn es sagt gleichzeitig, daß, während die einen Sterne untergehen, neue Gestirne über uns aufgestiegen sind, neue und immer neue Möglichkeiten in unser Leben hineinscheinen, die wir nur herabzuholen brauchen. Es ist deshalb sinnlos, untergehenden Sternen klagend nachzurufen, sich über den Abgrund zu beugen, in den sie nach ewigen Gesetzen langsam hinuntersteigen.

Ich will damit nicht die schwierigste Glaubensfrage entscheiden, ob der Mensch das Weltgeschehen aufbaut, ob er es beeinflussen kann, sondern zunächst nur gegen die Neigung der Menschen ankämpfen, in Weltwenden und Lebenswenden die neuen Möglichkeiten zu übersehen, weil man sich nicht von den alten Gewohnheiten trennen kann.

In der Krise der Lebenswende sollten sich die Menschen von dem unfruchtbaren Nachstarren nach dem Untergehenden befreien. Man kann sich im anhebenden reifen Alter nur dann mit den neuen Gestirnen, den neuen Möglichkeiten befreunden, wenn man das Leben nicht mit den Augen des jugendlichen Menschen anschaut, wenn man es nicht mit den Maßstäben des jugendlichen Menschen mißt. Die Augen der Jugend und die Metermaße des jugendlichen Menschen taugen nicht für die Reife, reichen nicht als Maßstäbe für das gesamte Leben. Neue Augen braucht man, das Neue zu sehen. Neue Maßstäbe, das Neue zu messen.

Nochmals: nach der Krise

Die erste Arbeit des Menschen nach vierzig, der aus der Krise aufsteigt, wird die Wiederherstellung des inneren und äußerlichen Gleichgewichts sein, die durch das Leben nach den Maßstäben der Jugend, die durch die Einseitigkeiten von Beruf, Liebe und Arbeit zerstört worden waren.

Die Wiederherstellung des Gleichgewichts ist für jeden Menschen in jeder Lebenslage möglich, wenn er sie nur will. Wenn er nur die Mittel kennt, ins Gleichgewicht zu kommen. Übung kostet nichts, nicht einmal viel Zeit. Übung kostet nicht so viel Zeit, wie der durchschnittliche Mann mit dem allzu vielen Essen, mit dem allzu vielen Herumsitzen mit Bekannten vertut – nicht zu rechnen die Zeit, die mit Krankheiten vertan wird.

Jeder Mensch kann seine körperliche und geistige Harmonie wieder üben, sobald er überhaupt erkannt hat, daß er nicht mehr harmonisch ist, nicht mehr das ist, was er sein wollte, und schon gar nicht das, was er sein sollte, was sein Gewissen, was der innere Spiegel von ihm verlangt.

Am Anfang waren Logos und Psyche

Am Anfang der Überwindung der Krise, im Eingang des Lebens der reifen Jahre, steht rechtens die Erkenntnis und die seelische Erweiterung, stehen die Engel Logos und Psyche, die alle Menschen abwehren, die nicht aus dem Geistigen, aus der Lebenseinsicht heraus, die nicht mit den Kräften der Seele, die allein mit Hilfe der Materie weiterleben wollen.

Sowohl die geistige Kraft, der Logos, wie die seelische Fähigkeit, die sich das Kommende vorstellen können, werden beim Eingang in die reifen Jahre verlangt.

Jetzt nach der Lebenswende kann niemand mehr das seinen Jahren Gemäße erreichen, wenn er es sich nicht geistig vorzustellen vermag, wenn er es nicht geistig vor sich stellen kann.

Er kann das ihm Gemäße nur erreichen, wenn er sich mit ihm seelisch werbend befaßt, so wie sich die Flamme werbend mit dem Holz befaßt. Ja, genau wie die Flamme sich allmählich und mit immer neuen Ansprüngen im Holz festsetzt, um es schließlich in Glut, in Feuer, in Wärme aufzulösen, so müssen sich Geist und Seele immer wieder des gegenwärtigen Lebens bemächtigen und es in Glut und Wärme verwandeln.

Am Eingang in die reifen Jahre steht die Erkenntnis, daß man in neuen Formen zu denken, zu fühlen und zu leben hat. Ohne diese Erkenntnis können die reifen Jahre nicht beginnen. Ohne diese Erkenntnis beginnt nur das Älterwerden. Ohne diese Erkenntnis kann man nicht im Lebensstrom haltmachen und das Gewünschte ansteuern. Man bleibt passiv. Man wird gelebt, man altert in den Formen, die wir tagtäglich vor uns sehen.

Zwischen Jugend und Alter

Das Leben nach der Lebenswende soll sich ganz unabhängig und selbständig entfalten. Wir müssen uns deshalb hüten vor der Nachahmung von Lebensformen, die anderen Lebensaltern zukommen. Wir sind, wenn wir in die reifen Jahre eintreten, noch keine Greise. Wir haben unser Werk noch nicht vollendet. Wir können noch nicht die Verklärung des Alters erwarten, die große religiöse Überschau, die mit dem nahenden Tode nach einem voll gelebten Leben über uns kommt.

Wir können nicht mehr erwarten, daß uns die Freuden und Sicherheiten der jugendlichen Jahre treu bleiben. Wie wir einst gezwungen waren, auf das Reifenspiel und die Kreisel der Kindheit zu verzichten – nicht gern, versteht sich, und meist auch zu früh und nur durch den Spott anderer veranlaßt –, wie wir schließlich ohne Schmerz auf die Schmerzen der ersten Liebe zu verzichten gelernt haben, so müssen wir nun lernen, alles nicht mehr zu uns Gehörige, alles Ungehörige abzutun.

Wir sollten dabei im Materiellen anfangen, und deshalb betone ich immer wieder, daß der reife Mensch grundsätzlich anders essen muß als der jugendliche.

Wir brauchen nur noch so viel zu essen, wie zur Erhaltung des Körpers nötig ist. Wieviel das ist, das müssen wir langsam herausprobieren. Aber ich kann einen Durchschnittsanhaltspunkt geben: man soll versuchen, etwa mit einem Drittel dessen auszukommen, was man bisher aß. Das wird nicht plötzlich gehen, nicht von heute auf morgen. Es wird nur gehen mit Hilfe von allerhand gymnastischen Übungen, unterstützt von einer sorgfältigen Atmung und von allerlei Reinigungen, denen man sich immer wieder unterziehen muß. Wenn wir die Nahrung auf ein Minimum beschränken, so werden wir unsere Leistungsfähigkeit und unser Lebensgefühl sehr erhöhen. Ein großer Teil der Kraft des menschlichen Organismus wird aufgebraucht von der ungeheuren Anstrengung der Verdauung, der Aufspeicherung, der Widerwehr gegen die schrecklichen Überlastungen durch zuviel Nahrung.

Noch einmal soll betont werden, daß zu der Mengenminderung eine außerordentliche Verfeinerung der Nahrung kommen sollte. Der Mensch nach vierzig muß viel sorgfältiger, ausgewählter essen, weil er seine Nerven und seine Drüsen besser ernähren muß als bisher. Was er also an Menge spart, muß er an Güte zusetzen. Nach der Lebenswende dient die Ernährung weniger der Sättigung als der Anregung. Beachtet man das, so findet man bald, was man braucht. Mehr Anregung also und weniger Sättigung!

Anregungen

Das Anregende, das Lebendigmachende soll überhaupt im Leben des Menschen der reifen Jahre an die Stelle des Abstumpfenden treten. Gegen die Gewohnheiten ist bereits alles Notwendige gesagt. Gegen den unlebendigen Kram in der Wohnung und im Leben des Menschen muß noch ein Wort gesagt werden.

Man trenne sich von der größten Zahl der Möbel, die man in seiner Jugend unter großen Opfern gekauft hat. Was man nicht verschenken will, soll man verheizen. Man werfe aus der Bibliothek alle Bücher hinaus, die nicht mehr zum Leben der Reife gehören und die niemals mehr lebendig werden. Das Wort »niemals mehr«, das so oft sentimental ausgesprochen wird, soll endlich einen freudigen Klang bekommen.

Was man an Erinnerungen nicht lebendig in sich trägt, braucht man auch nicht in Sträußchen und Schleifchen, in Briefen und Bildern in allerlei Laden verstauben zu lassen.

Man muß sich ebenso von den persönlichen Bindungen lösen, die nicht mehr Früchte zu tragen bestimmt sind. Echte Freundschaften betrifft das nicht. Die können jahrelang ruhen und werden immer wieder einmal aufflammen und sprießen. Man kann sie nicht kündigen und nicht aus dem Leben entfernen. Sie bleiben, was sie waren. Sie nehmen auch, wenn sie ruhen, keine Kraft. Aber gefährlich ist es, wenn man versucht, verwelkte Bekanntschaften aufrechtzuerhalten, besonders die, die an eine goldene Jugendzeit, an erinnerungsverklärte Studentenjahre, an wirre Such- und Aufstiegsjahre erinnern. Solche Bekanntschaften nehmen nur die Zeit und die Kraft, die man braucht, um die neuen Bindungen herzustellen, die die Jahre der Reife verschönen wollen.

Goethe schreibt 1815 an Zelter: »Je älter man wird, desto mehr muß man sich beschränken, wenn man tätig zu sein begehrt. Nimmt man sich nicht in acht, so geht man bei so vielen fremden Aufforderungen vor lauter Teilnahme und Urteilsprechen mit geist- und leiblichen Kräften in nichtigen Rauch auf.«

Platz dem neuen Leben

Man braucht Platz. Alles, was uns die Aussicht ins weite, weitere Leben nimmt, muß beseitigt werden. Alles, was an unserer Kraft zehrt, muß entfernt werden. Das ist die notwendige, die schmerzhafte, erleichternde Operation, die man durchmachen muß, wenn man sich einmal von Gewohnheiten hatte einfangen lassen.

Die meisten von uns scheuen diese Operation und behalten die Formen des jugendlichen Lebens bei, in der Hoffnung, auf diese Weise das Schicksal überlisten und sich die ewige Jugend erstehlen zu können. Ewige Jugend aber gibt es nicht, und diejenigen, die sie zu erreichen suchen, altern inzwischen besonders schnell, weil die Anstrengung, die erforderlich ist, Ungehöriges aufrechtzuerhalten, alle Kräfte verzehrt.

Man soll nicht jugendlich sein wollen, sondern nur im Vollbesitz aller Kräfte, die zu der Lebensstufe gehören, auf der wir leben. Jugendlichkeit ist kein Maßstab, sondern die Leistungsfähigkeit, die Kraft, mit der man seine Lebensform ausfüllt. Man muß die Kräfte jeder Lebensstufe erschließen, zu der man vordringt.

Die jugendlichen Erwachsenen, die Menschen zwischen zwanzig und vierzig, sollen deshalb alle Kräfte der Venus, des Mars und des Merkur erschließen, die Kräfte der Liebe, des Kampfes und des materiellen Erfolges, weil dies die Kräfte ihrer Stufe sind, weil dies Dreigestirn die Jugendjahre bestrahlt. Aber wir müssen wissen, daß außer diesem Dreigestirn noch viele Sterne im Menschen brennen, die ihre Wirksamkeit erst entfalten wollen zu der Zeit, die ihnen zukommt.

Neue Stellung zum Vergangenen

Das Leben läuft nicht ab wie Wasser an der Wand. Es verdunstet nicht wie der Tropfen auf der Haut. Ein ungeheurer Lebensstoff steckt in jedem Menschen und gestattet ihm zu jeder Zeit eine vollgültige, fruchtbare Lebensform. Deshalb ist alles Leben falsch, das sich nach den Formen von gestern ausrichtet, nach den Formen von heute und morgen. Vierundsiebzig Jahre alt, schreibt Goethe an Müller: »Es gibt kein Vergangenes, das man zurücksehnen dürfte. Es gibt nur ein ewig Neues, das sich aus den erweiterten Elementen des Vergangenen gestaltet, und die echte Sehnsucht muß stets produktiv sein, ein Neues, Besseres erschaffen.«

Erst der Mensch der reifen Jahre kann diese schwer zu erlangende Einstellung bekommen. Der jüngere Mensch hängt fast immer an seiner Vergangenheit. Enttäuschungen überwindet er nur sehr schwer. Wunden heilen bei ihm sehr schlecht. Immer ist er am Rechnen und Wägen. »Hätte ich nicht diesen oder jenen Verlust gehabt, so stünde ich jetzt schon dort und dort. Hätte mich nicht der verraten und jener verkauft, hätte mich nicht dieser mißbraucht und jener ausgenutzt, so wäre ich schon viel weiter, als ich bin.«

Dieses Rechnen und Rechten gehört nicht mehr in die reifen Jahre hinein. Es ist ganz selbstverständlich, daß man hier und da mehr bezahlt, als eine Sache wert ist. Daß man hier und da enttäuscht wird von Menschen, auf die man sozusagen Häuser gebaut hat.

Wenn man reif geworden ist, macht man niemandem Vorwürfe, weil man nicht das von ihm bekommt, was man als möglich herausgerechnet hatte.

Man darf sich weder an den Freuden der Jugend noch an dem Enttäuschungen festhaken. Was man an Freuden erwirbt, soll man ebenso selbstverständlich hinnehmen wie das, was man sich an Enttäuschungen zufügt.

Selbstverantwortung

Endlich erkennt man, was man schon immer geahnt hat, wovor man aber gern die Augen zugemacht hat, weil es sehr unbequem ist: Man ist sich selbst für sein Schicksal verantwortlich.

Man ist verantwortlich, das heißt, man ruft das alles hervor, was um einen ist und was einem zustößt. Nur der Liebende kann Liebe hervorrufen, nur der Enttäuschte Enttäuschungen. Nur der Verräter wird verraten, nur der Schläger wird geschlagen (oder der Schwache, der ein Schläger wäre, hätte er nur die Kraft). Was man nicht selbst wenigstens in einem Funken in sich hat, das kann einem nicht geschehen. Unverletzlich ist der Mensch, der in sich das austilgt, was ihm bisher immer wieder zugefügt wurde. Die Unverletzlichkeit durch die Dinge der Außenwelt ist das Ziel, das sich der Mensch der reifen Jahre zu stellen hat.

Sehen wir uns also um: Wir leiden darunter, daß uns unsere Freunde verlassen? Also haben wir sie verlassen. Wir leiden an der Liebesleere unseres Lebens? Also lieben wir nicht. Wir leiden daran, daß wir einsam sind? Also wollen wir doch die Einsamkeit. Wir haben sie gerufen. Sie füllt nun unser Zimmer aus, und wir sollen sie ausfüllen mit unseren Gedanken und mit unseren Kräften und werden nicht mehr einsam sein, wenn wir unsere Kräfte in die Einsamkeit gestellt haben.

Gewöhnen wir uns doch endlich daran, niemanden und nichts für unser Wohl und Wehe verantwortlich zu machen (und wir schieben ja den anderen Menschen mehr unser Wehe zu als unser Wohl). Niemand und nichts ist für uns verantwortlich. Nur wir sind es.

Was wir ererbt haben, das pflegen wir sowieso unserem Verdienst zuzurechnen. Wenn wir bei der Auswahl unserer Eltern »vorsichtig« waren, wenn wir also ein gut gefülltes Portemonnaie mit auf die Welt bekamen, dann nehmen wir, was unsere Väter verdient hatten, als etwas, was uns zukommt. Wenn wir aber arm in die Welt hineinkommen, nehmen wir es als eine Ränke des Schicksals und glauben, wir müssen das Schicksal damit bestrafen, daß wir ein ärmliches und klägliches Leben führen.

Wenn wir eine herrliche Gesundheit, einen ausgezeichneten Verstand, reines Blut oder gar ein reines Herz von den Vorfahren geerbt haben, so ist das alles unser Verdienst. Wehe aber, wenn wir schlechte Lungen, müde Augen, kranke Nerven mitbekommen haben. Sind wir damit nicht entsetzlich geschlagen? Haben wir daraufhin nicht das Recht, uns jede Frechheit gegen das Schicksal herauszunehmen? Haben wir dann nicht das Recht, unsere Gebrechen zu pflegen, statt unsere Kräfte einzusetzen, die, wir wissen es längst, sich an jedem Widerstand kräftigen, so daß wir aus jeder Hemmung mit einem Kräftegewinn herauskommen, wenn wir die Hemmung nur angehen?

Wenn wir es nur angehen! Der jugendliche Mensch muß viel Kraft einsetzen, um sich im Leben zurechtzufinden, um sich durchzukämpfen. Der Mensch aber, der in das Alter der Reife hineinkommt, hat endlich alle Kräfte für den Aufbau frei. Er kann anfangen.

Wenn wir niemanden mehr für das verantwortlich machen, was uns behindert, so werden wir erkennen, daß überall eine große Gerechtigkeit waltet. Für das, was der Mensch mehr an Gaben bekommt, muß er mehr an Gefahren auf sich nehmen. Die Geschichte der Wunderkinder berichtet ebenso von dieser Tatsache wie die Geschichte der Kinder reicher Leute, die noch zu wenig bekannt ist. Was man an Gaben bekommt, das muß man bezahlen. Was man zu wenig bekommt, das wird nachgezahlt dadurch, daß man sich anstrengen und damit die Kräfte entwickeln muß, die das Fehlende heranziehen. Fast jeder, der etwas entbehren muß, entwickelt wenigstens zum Entgelt die Kräfte, es zu bekommen.

Mit den Jahren der Reife ist uns das Verständnis dafür gekommen, daß man nicht mehr nach den Dingen langen und bangen soll, die langsam für unser Leben überflüssig werden. Ein Mensch der reifen Jahre wird nicht mehr auf Reichtum aus sein, falls er ihm in der Jugend versagt war. Er wird sich allerdings ebensowenig nach Armut sehnen, falls er in seiner Jugend reich war. Er wird vielmehr so viel von seinen Kräften materiell ansetzen, daß er sich das erwirbt, was er braucht.

Der Mensch in der Reife der Jahre weiß, wie wenig er braucht, und wie leicht es ist, das zu bekommen, was man braucht, wenn man das ganze Erwerben nicht so wichtig nimmt. Die Erwerbswelt wird überhaupt in den reifen Jahren immer unwichtiger, die Erfolge und Mißerfolge mit Geld rücken in die zweite Linie. Damit aber sind die Gelddinge leichter zu ordnen als zuvor, da man sie wichtig nahm.

Über die Einsamkeit

Man geht auch deshalb leichten Herzens aus den Kämpfen um Geld heraus, weil mit diesen Geldkämpfen nahezu immer fortwährende Störungen von außen, kleinlicher Ärger und tägliches Pech zusammenhängen. Braucht man die Stille, so kann man kein Geldmensch sein.

Und man braucht in den reifen Jahren die Stille und die Einsamkeit. Dazu ist es allerdings nicht nötig, aus dem sogenannten Trubel der Städte zu flüchten. Die Flucht in die Natur enttäuscht den, der die Stille sucht, immer wieder. Denn für jeden Menschen mit feinen Sinnen ist die Natur mindestens so aufregend, so turbulent, so voller Schrecknisse wie die Großstadt. Hamsun hat das unvergeßbar in seinem »Pan« geschildert.

Die Einsamkeit, die ich meine, wächst ebenso auf dem Lande wie in der Stadt. Sie wächst nämlich nur im Menschen selbst. Nur der Mensch, der um sich herum die Stille und die Einsamkeit schafft, kann sie erlangen. Einsamkeit – oder sagen wir es noch genauer – das arcanum – das Heiligtum, das nur für ihn betretbar ist.

Aufgabe jedes reifen Menschen ist es, sich dieses Heiligtum zu bauen. Das ist durchaus schwierig, und nahezu jedes Menschen äußere Umstände hindern ihn. Niemand ist vor Störungen sicher. Keine Polstertür, keine schalldichte Wand, kein diebsicheres Schloß, ja nicht einmal ergebene Anhänger schützen ihn. Aber es gibt auch nichts, was den Menschen hindern kann, diese Einsamkeit zu erreichen, das Heiligtum zu bauen, wenn er es wirklich will.

Man kann gezwungen sein, sein Zimmer mit einem anderen Menschen zu teilen, am Tage und – noch schlimmer – des Nachts. Das ist bestimmt außerordentlich erschwerend (so erschwerend, daß ich nicht begreife, warum reife Menschen freiwillig diese Unform des Zusammenwohnens auf sich nehmen, diese Form, die unter dem Gestirn der Venus zur Not noch begreiflich ist, die man jugendlichen Menschen verzeihen kann, die aber für reife Menschen eine fast unerträgliche Belastung ist). Aber je älter man wird, um so leichter wird es, den unsichtbaren Ring zu ziehen, der die Geschäftigen und Lauten, die Entfernten und die Nächsten, zu Zeiten ausschließt.

Man braucht die Einsamkeit und die große innere Stille. Menschen, die noch beten können, die sich ihrem Gott in persönlicher Rücksprache zu nähern vermögen, können diese Stille immer erreichen. Sie haben auch, wenn die Glaubenskraft sie durchdringt, jene Unangreifbarkeit, die das Zeichen der reifen Jahre ist und sein soll.

Täglich, so kann man es fast als Rezept sagen, soll der Mensch der reifen Jahre seine Stille betreten. Er muß sich immer wieder selbst begegnen, und das mag äußerlich beginnen, im Badezimmer vielleicht, im Spiegel, bei den täglichen Übungen, mit denen er seine körperlichen Fehler wieder und wieder korrigieren muß. Allmählich wird er die Selbstbegegnung immer mehr nach innen verlegen und damit langsam jene Bezirke erfassen, die bisher vom Alltag verstellt, von falschen Sehnsüchten und Wünschen überwuchert, ihm ganz unbekannt waren.

Aus der Stille, so sagte der Dichter, kommen die Kräfte, in der Einsamkeit reden die Stimmen der Tiefe. Man muß versuchen, ihren Klang zu vernehmen.

Die Stimmen der Tiefe

Was sagen uns die Stimmen der Tiefe? Was verrät uns die Spiegelung der Sterne in den klaren Gewässern der Seele und des Herzens?

Die Stimmen der Tiefe sagen uns, daß das Leben des Menschen unendlich und ohne Grenzen ist. Daß man nur den Mut haben muß und die Kraft, es nach allen Tiefen auszuloten und zu erleben. Aber eigentlich braucht es nur den Mut. Denn wenn wir in eine neue Tiefe eindringen, so erschließen wir uns auch die Kräfte dieser Tiefe. Mit jeder Dimension, die wir durchleben, bekommen wir die Kräfte dieser Dimension.

Zu den Jahren bis vierzig gehört hauptsächlich die materielle Dimension. Wenn man alles, was diese Jahre bieten, ergreift, so wird man alle materiellen Kräfte bekommen, die Kräfte der Liebe, des Reichtums und der materiellen Macht. Gleichzeitig aber mit der Aufschließung der Kräfte der materiellen Dimension verbrauchen sich die materiellen Gestaltungskräfte des Menschen, wenn nicht schon die Kräfte der anderen Zonen des Menschen mit herangezogen werden, die spirituellen und die geistigen. Man soll, heißt das wieder, immer schon alle Kräfte zu wecken versuchen, und es mag nur gestattet sein, die Vorherrschaft einer Kraft in einem Lebensalter.

Spätestens mit vierzig Jahren muß man den spirituellen Bezirk ganz erschließen, und spätestens mit sechzig soll der Mensch ganz vollendet sein, indem er die letzten geistigen Erkenntnisse in sich verwirklicht.

Die spirituellen Bezirke, das sind die Bezirke der Seele, des Herzens, des inneren Schauens (Intuition), der inneren Gestaltung, der Identifikation und der Objektivation. Die Kräfte, die aus diesen Bezirken kommen, sollen nunmehr die Herrschaft antreten in einem von äußeren Überflüssigkeiten gesäuberten Leben. Um die vierzig lernt der Mensch, daß die materielle Sicherheit die Anstrengungen fast nie lohnt, die sich die Menschen ihretwegen auferlegen. Sicherheit, so erkennt man um die Lebenswende, und so ahnen jetzt schon viele Menschen in der Weltwende, Sicherheit und Ruhe, fruchtbare Gelassenheit und unerschütterbare Lebenskraft gibt es nicht in der reinen Materialität. Wer sicher, wer unangreifbar leben will, der muß sich nach der spirituellen Sicherheit strecken.

Die spirituelle Sphäre

Wenn wir die spirituelle Dimension oder, besser gesagt, die spirituelle Sphäre uns erschließen, wenn wir zu ahnen beginnen, daß man die seelischen Kräfte zum Gehorsam zwingen kann, so erkennen wir die ungeheure Macht, die in der seelischen Formfähigkeit steckt. Seelisches Gesetz ist, daß man das kann, was man bilden will. Daß man das bilden kann, was man sich wirklich vorzustellen vermag. Allerdings setzt nicht das materielle Wunschbild, die materielle Vorstellungskraft diesen seelischen Bildeprozeß in Bewegung, sondern nur die Kräfte des spirituellen Bezirks, die innersten Formkräfte, die – das darf man nicht vergessen – auch die Materie mit einschließen und umfassen.

In den materiellen Kräften sind keine weiteren Kräfte enthalten. Die spirituellen Kräfte aber umschließen die materiellen, schließen sie mit ein. Wenn man also den spirituellen Bezirk erschließt, so gibt man den materiellen nicht auf, sondern man hat ihn gleichzeitig wie den Kern in der Nuß.

Mit dem Seelischen ist das Körperliche mitgegeben, nicht aber mit dem Körperlichen schon das Seelische (obwohl wir über das Körperliche weg, im Körperlichen immer auch das Seelische berühren und erreichen können).

Das Umfassendere ist das Seelische oder das Spirituelle, und wir formen und durchdringen gleichzeitig das Materielle, wir prägen es am tiefsten vom Spirituellen her.

Die unglaublichen Experimente, die von materiell orientierten, aber seelisch begabten Menschen auf dem Gebiet der Hypnose oder Willensersetzung gemacht worden sind, die hysterischen Phänomene, in denen sich die fehlgeleitete, freischweifende Seele körperlich drohend manifestiert, die seltsamen Tatsachen der Suggestion sind fast alles bekannte – leider zumeist negative – Auswirkungen spiritueller Kräfte.

Allerdings ist in all diesen Gebieten nur die Kraft der Seele (und noch dazu die Verneinkraft) sichtbar und nicht ihre Gestaltungsfähigkeit, nur ihre Wucherungsmöglichkeit und nicht ihre allgewaltige Macht. Es zeigt sich, was herauskommt, wenn jugendliche Menschen oder jugendlich-materiell orientierte Wissenschaftler mit Kräften wirtschaften, die nur von durchgebildeten, durchgeformten Menschen richtig eingesetzt werden können. Das seelische Experiment ist eine Mißbildung ungefähr wie das maschinelle Kunstwerk oder die nur materielle Liebe.

Wer einmal gespürt hat, wie die seelische Kraft von einem Menschen auf den anderen überzugehen vermag, wird daraus nicht ableiten, daß man den Menschen hypnotisieren, daß man die eigene seelische Kraft den anderen leihen dürfe, sondern er wird daraus lernen, wie groß die Verantwortung jedes begabten Menschen ist und daß die Erschließung der seelischen Gaben die Verantwortung ungewöhnlich erhöht.

Man soll nicht wie so viele, die sich ihrer spirituellen Kräfte bewußt werden, gleich diese Kräfte gegen andere Menschen anwenden, sie als verführerische Macht ansetzen. Das ist jugendlich, unreif, materiell gedacht. Sondern man soll die spirituellen Kräfte zunächst einmal ganz in sich wirken lassen. Man soll sie durch die materiellen Kräfte hindurchpumpen, hindurchfiltern. Die seelische Wiedergeburt soll sich in der ganzen Haltung des Menschen ausdrücken. Wer wiedergeboren ist nach der Lebenswende, soll im Körper und im Geist wiedergeboren sein.

Daß wir einen Menschen der reifen Jahre vor uns haben, sollen wir in Zukunft nicht mehr daran erkennen, daß er einen dicken Bauch hat, einen krummen Rücken, getrübte Augen, entfärbte Haare und melancholische Worte, sondern daran, daß ein Mensch daherkommt, der durch die Materie hindurch seelenhaft leuchtet. Wir wollen nicht immer nur sehen, daß ein Mensch etwas durchgemacht hat, sondern auch, daß er etwas durchgearbeitet hat, nämlich sich selbst.

Der Mensch der reifen Jahre soll zuerst seine Kräfte auf sich selbst lenken, damit er, wie man zu sagen pflegt, ein leuchtendes Vorbild wird. Das wird ihn weder zu Egoismus verführen noch zu Egozentrizität. Wer sich wirklich »bildet«, bildet sich nicht für sich, wer sich vervollkommnet, tut es nicht für sich. Mit einem vollkommenen Vorbild – das erfahren wir immer wieder – ist mehr geschehen als mit jedem Aufruf, als mit jeder Predigt.

Der produktive Mensch

Nachdem der Mensch sich eine Stellung im Leben erworben hatte, nachdem er Frau und Kinder bekommen hatte, wird es nun Zeit, daß er beginnt, eine in sich ruhende, aus sich wirkende Persönlichkeit zu sein.

Er soll jetzt jeden Augenblick ausfüllen, die vergehende Sekunde gleichzeitig zur Gegenwart und zur Zukunft bilden. Er soll sich auf sich selbst besinnen, sich mit Sinnen versehen, alle seine Fähigkeiten bis zum äußersten steigern. So kommt er ganz von selbst in die große Heiterkeit, in die erleuchtete Gelassenheit des produktiven Menschen hinein.

Produktiv, das heißt, er wird mit jeder seiner Handlungen und mit seinem Dasein selbst, mit jedem seiner Gedanken und mit seiner Seele selbst etwas schaffen. Es ist ein schrecklicher Irrtum materiell orientierter Epochen, daß Schaffen entweder eine Qual sein muß oder ein Rausch oder gar die Flucht vor dem Leben, daß Genie Wahnsinn ist und Talent ein Gebrechen. Dieser Irrtum stammt aus Zeiten, in denen der Mensch seine Genialität einseitig mißbrauchte, mit seiner Produktivität um materieller Erfolge willen Schindluder trieb und das Leben und die Lebensaufgabe wie Gegner gegeneinander hetzte, so, als ob man nur entweder etwas leisten oder »sein Leben genießen« könne, entweder leben oder arbeiten.

Jetzt, da der Mensch erkennt, daß Produktivität genau das gleiche ist wie Lebendigsein, daß man sich im Werk nicht verbrauchen muß, wenn man weiß, wie magnetisch jede Kraft eine neue Kraft heranzieht, wird man endlich natürlich zur Begabung und zur Produktivität stehen. Jeder Mensch, der alle seine Kräfte übt und einsetzt, wird ganz von selber und wird immer produktiv sein. Wer sich geformt hat, formt auch. Wer geprägt ist, prägt. Vollkommene Form formt allein dadurch, daß sie da ist.

Man braucht sich deshalb auch nicht um die Wirkung in Zeit oder Ewigkeit zu grämen und zu plagen. Man braucht nicht geizig mit der Ehre umzugehen, die einem zukommt, man braucht nicht ehrgeizig zu sein. Man beginnt, Zeit zu haben und sich auf die allmähliche Wirkung des Richtigen zu verlassen. Denn es ist nun einmal so: Das Vollkommene, das Durchgeformte wirkt im ersten Augenblick überhaupt nicht. Dazu sieht es zu selbstverständlich aus. Es fällt zuerst nicht auf, wenn ein Mensch in der Stille sich selbst zu einem vollkommenen Geschöpf gestaltet hat. Schließlich aber ist jede Weltbewegung, ist der Beginn jedes neuen Weltalters von solchen Menschen eingeleitet worden.

Die seelischen Kräfte erschließen sich nicht von selbst. Man muß sie sich erschließen, sich einverleiben. Man muß sie nach innen bringen in einem sehr mühsamen und langdauernden Prozeß. Man muß sich an das er-innern, was man außen schon weiß, und das ist manches von dem, was man in der Frühzeit des Lebens, in der Kinderzeit als seelische Gabe schon einmal hatte.

Erinnern wir uns doch, daß dem Kinde fast immer verliehen ist die Gabe der Identifikation, der seelischen Einswerdung, daß man sich in einen Baum verwandeln konnte und wirklich als Baum leben und den Baum von innen erkennen. Daß man sich wirklich in einen Bettler verwandeln konnte, mit einem bettelhaften Blick die Welt ansehen, oder in den Vater mit dem großen Hut und die Zigarre im Bleistift haben. Daß man durch Gut und Böse gehen konnte, durch Leid und Freude vermittels dieser Identifikation oder Einswerdung, und so wissen konnte, wie jedem Geschöpf zumute ist, das Leben des anderen Geschöpfes sich vorstellen konnte, es mitzuerleben vermochte und gleich darauf wieder aus diesem Leben hinausging und wieder Kind war.

Diese Gabe muß der Mensch der reifen Jahre sich wieder erwerben. Im anderen Geschöpf leben, ohne sich in ihm zu verlieren, wissen, wie der andere denkt und fühlt, ohne sich mit ihm zu vermischen. Er muß aber auch wissen, wie sich Wasser von innen anfühlt, ohne daß er immer gleich baden muß. Er muß wissen, wie ein Baum wächst, wie eine Blüte wird, eine Frucht, ohne daß er erst selber blühen muß oder Früchte an ihm wachsen müssen.

Der Mensch ist ein Teil der Schöpfung. Er kann sich ihr gegenüberstellen. Das ist sein Recht und seine materielle und geistige Aufgabe. Aber er darf darüber nicht verlernen, sich auch in die Schöpfung hineinzustellen. Er muß im Schöpfungsstrom stehen können. Er muß selber ein Stück der Schöpfung sein und spüren, wie die Schöpfung durch ihn hindurchgeht und in ihm gestaltet. Das ist seine spirituelle, seelische Aufgabe.

Er muß also sowohl geistig und materiell aktiv sich der Welt als Objekt bedienen, wie subjektiv Welt sein. Immer wieder ist es der große Kampf gewesen, welche der beiden Stellungen der Welt »die richtige« sei, die aktive oder die passive, die draußen oder die drinnen. Richtig ist erst das Totale, das immer Wechselnde zwischen innen und außen, zwischen aktiv und passiv, zwischen Ergebung und Bemächtigung, zwischen Gelassenheit und Zupacken.

Im Anfang der reifen Jahre wird zuerst das Stehen in der Schöpfung geübt und erarbeitet werden müssen, die Identifikation, die Gelassenheit. Daß man der Schöpfung Zeit läßt, in uns und mit uns zu arbeiten.

Wir müssen die Gelassenheit lernen, das Abwarten, die spirituelle Gewißheit, daß auf uns alles zukommt, was uns zukommt, und daß uns nichts geschehen kann, da wir ja mitten in der Schöpfung drinstehen. Die Schöpfung ist unvergänglich und ewig, und solange wir seelisch in sie eingebettet stehen, nehmen wir an ihrer Ewigkeit teil, sind wir in den Stromkreis eingeschlossen, der vom Leben zum Ursprung, vom Ursprung zum Leben führt.

Objektivität und Orthodoxie

Zu der Identifikation tritt hinzu die Objektivität, und das ist die Fähigkeit, jedes Ding nicht in bezug auf uns zu sehen, sondern in bezug auf sich selbst. Jedes Ding in der Gestalt zu nehmen, in der es gemeint ist, zu der es sich entwickeln soll, und nicht in seiner zufälligen Gestalt, die oft störend die Welt verunziert. Objektiv betrachtet: das heißt, daß man jedes Ding, jeden Menschen von den Zufälligkeiten reinigt und auf seinen Sinn führt. Objektive Lebensbetrachtung ist nicht etwa die wissenschaftliche Sammlung und Ordnung bisher ungeordneter Lebenstatsachen, sondern die Betrachtung des Lebenssinns.

Das Gegenteil von objektiv ist orthodox, daß man den eigenen Maßstab an alle Menschen und Dinge legt und versucht, die ganze Schöpfung nach diesem Maßstab zurechtzuschneiden und zusammenzuhobeln. Orthodoxie ist die Seelenhaltung des jugendlichen Erwachsenen. Sie paßt zur Not noch in seine Welt, wenn sie auch dort Unheil genug anrichtet. Sie wirkt aber tödlich auf die seelischen Kräfte des Menschen in den reifen Jahren. Orthodoxie macht einseitig. Der einseitige Mensch aber wird niemals in die reifen Jahre hineinkommen.

Ziel des Lebens

Das menschliche Leben ist darauf gezielt, daß der Mensch sich allmählich durch Hinzunahme immer neuer Kräfte erweitert, daß er größer und größer wird in seinem Wirkungsraum, daß seine Kräfte mehr und mehr wachsen. Das menschliche Leben, so sagte ich im Anfang, gleicht nicht einer Kurve, sondern es ist ein Pfeilschuß, in die Unendlichkeit gezielt. Höher und höher fliegt der Pfeil, größer und größer wird die Überschau, und das seltsamste ist, daß die Kraft des Pfeiles nicht nachläßt.

Je mehr wir uns vom Ausgang entfernen, je höher wir gelangen, um so größer wird der Überblick. Mögen wir uns auch im Fluge von manchem entfernen, das wir gewohnt waren, das uns, als wir es durchflogen, angenehm und vertraut war, so sollen wir doch nicht trauern. Denn seine Luft und seine Lust ist mit uns in der Form, die wir durch unser Erleben gewonnen haben.

Nichts geht verloren, was wirklich auf uns wirkte. Denn wir sind das Endergebnis aller dieser Wirkungen und alles dessen, was wir wirkten.

Viele Fragen sind schon in dem Augenblick neu aufgetaucht, in dem dieses Buch vollendet wurde. Immer wieder begreift man, daß das Leben von unendlich vielen Ausblicken und Aspekten her erfaßt und gedeutet werden kann. Ich möchte vor allem in einem nicht mißverstanden werden: Es liegt mir fern, einen Menschen im leeren Raum, einen Menschen an und für sich, einen Menschen, dessen Interessen allein um sich selbst kreisen, als fruchtbare, wichtige, menschliche Möglichkeit zu sehen. Das Individuum in seiner entscheidenden Form, um die es mir geht, hat nichts mit Selbstgenügsamkeit, Egozentrizität oder Egoismus zu tun. Egoismus ist eine im Biologischen, Geistigen und Seelischen schwächende Eigenschaft, und deshalb muß er ausgemerzt werden. Der Mensch, der auf Kosten anderer lebt, der auch nur mehr an Kräften anderer beansprucht, als er selbst hervorbringt, dieser Mensch ist ein unproduktiver Mensch und gar kein Vorbild.

Mir kam es darauf an, von den Möglichkeiten und den Gefahren des Individuums heute zu sprechen. Ich wollte vor allem auf die Gefahren der Lebensmitte aufmerksam machen, in der so viele wertvolle Menschenkräfte endgültig gebunden und vernichtet werden. Wenn ich klargemacht habe, daß die Möglichkeiten des Lebens in der Reife unendlich sind, daß man nicht traurig zu sein braucht, wenn man älter wird, daß für jede Tür, die zuschlägt, wenigstens eine Tür sich öffnet, wenn ich also den so oft entmutigten Menschen in der Lebensmitte ermutigt habe, so habe ich alles erreicht, was ich mir vorgenommen hatte.

Und noch eine Bitte: Ein Buch zu lesen mag gut und nützlich sein. Dieses Buch ist dazu geschrieben, daß man einige Dinge wenigstens versucht, zu denen man hier aufgefordert worden ist.

Jeder möge das versuchen, was ihm am nächsten liegt – oder am fernsten. Das ist einerlei. Er wird, wenn er nur anfängt, schon zu den anderen Dingen kommen.

Selbstverständlich wird sein Weg anders sein als der hier vorgezeichnete Weg, wie er selbst ja auch anders aussieht, anders geformt ist als der, dessen Gedanken und Versuche hier aufgezeichnet wurden.

Gertrud Zelinsky

Kein Grund zur Panik

Vom Leben und Lieben der reifen Frau

Ullstein Buch 34788

Sachbuch

Joan Collins hat es vorgemacht: Die Frau ab fünfzig ist attraktiv und selbstbewußt, weltoffen und lebensklug. Dieses Buch ist ein informativer Ratgeber für Frauen, die das Klischee von der reifen Frau als Matrone nicht erfüllen wollen. Dabei werden die psychologischen wie auch die körperlichen Aspekte dieser Lebensphase erörtert.

Es macht Mut, die zweite Lebenshälfte als positive Chance für Veränderungen zu begreifen.